U0906177

中国系列丛书

人文中国

HUMANISTIC CHINA

张桂芳——主编

上海教育出版社

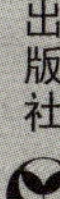

图书在版编目(CIP)数据

人文中国 / 张桂芳主编. —上海：上海教育出版社，2019.12
ISBN 978-7-5444-9547-9

Ⅰ. ①人… Ⅱ. ①张… Ⅲ. ①人文科学—研究—中国
Ⅳ. ①C12

中国版本图书馆 CIP 数据核字(2019)第 258874 号

责任编辑 邹 楠
封面设计 郑 艺

人文中国
张桂芳 主编

出版发行 上海教育出版社有限公司
官 网 www.seph.com.cn
地 址 上海永福路 123 号
邮 编 200031
印 刷 昆山亭林印刷有限责任公司
开 本 700×1000 1/16 印张 8 插页2
字 数 140千字
版 次 2020 年 5 月第 1 版
印 次 2020 年 5 月第 1 次印刷
书 号 ISBN 978-7-5444-9547-9/D·0122
定 价 49.80 元

如发现质量问题，读者可向本社调换 电话：021-64377165

编 委 会

目　录

导　言

习近平总书记说:“中华传统美德是中华文化精髓,蕴含着丰富的思想道德资源。不忘本来才能开辟未来,善于继承才能更好创新。对历史文化特别是先人传承下来的价值理念和道德规范,要坚持古为今用、推陈出新,有鉴别地加以对待,有扬弃地予以继承,努力用中华民族创造的一切精神财富来以文化人、以文育人。”

在努力实现中华民族伟大复兴的关键阶段,如何增强未来财经类工作者的人文素养,从而加快我国经济发展步伐、规避社会问题,确保健康的发展方向,是本校通识课教学改革的探索方向之一。在我校“当代高校大学生对于弘扬中国传统文化践行社会主义核心价值观的认知与看法”的调查问卷中,我们了解到大学生对传统文化的认知现状和内心诉求,认识到加强中国优秀传统文化的传授和解读十分必要。同时,我们认为大学校园应该是对学生影响最深的主要场域,课堂教学应该是实效最强的主要渠道。

在上海市教委思政课教学改革指导思想的引导下,结合本校通识课教学改革的探索方向,自 2015 年秋季学期起,开设了“人文中国”课程。该课程在借鉴以往教学改革优秀成果的同时,结合时代背景、院校特征和学生需求,进行了“三方一堂”“三环一线”“三阶一举”的“三三制”教学组织模式的创新尝试,通过物理空间和虚拟空间的延伸,使课上内容课下延展化,通过科普、析理、深研带动处于不同学习阶段的学生主动参与学习实践和学术科研。

如何培养出德智体美全面发展的中国特色社会主义事业合格的建设者和可靠的接班人,是高校思政课必须思考和解决的问题。中国,是世界上唯一一个文明不曾中断的古老国度,有着悠久的历史人文传统。在努力实现中国民族伟大复兴的当下,培育和弘扬社会主义核心价值观必须立足中华优秀传统文化。对于即将走入社会承担历史使命的当代大学生,培养和加强其历史观和人生观中的人文情怀,有着现实的必要性和紧迫性,也是高等教育培养人才的核心要素之一。

在千百年的历史进程中,中华文化的精髓是什么?中国何以人文?古代的经济思想有哪些?传统礼仪文化有哪些当代意义?古代哲学儒道佛到底哪家强?汉文化圈如何辐射东南亚地区？面对改革发展过程中不断涌现的种种社会现象和问题，今天的青年学生们，该如何认识和看待？该如何从古圣先贤处汲取先验？该如何传播大国素养？该如何营造更好的人文社会和人文城市？本书对以上各部分内容不但进行了很好的解读，而且还融入了丰富生动的案例故事，如《管子》与封建国家经济运作奥秘、射礼的历史原貌与申遗之路、人工智能对诺贝尔文学奖获得者鲍勃·迪伦（Bob Dylan）的解读、国际主流媒体对特朗普竞选的引导等，从多视角对中国人文精神进行了探讨。

在大数据时代的今天，丰富多彩的网络信息和多样便捷的移动设备充斥校园，如何传承中国传统文化，用丰富的人文精神占领学生的思想高地，触发学生的潜在求知欲望和自律系统，主动战胜诱惑，健康成长，这也是本书的核心目标所在。

本书以“人文中国”课程教案为蓝本，秉承“故事中说道理，道理中找方法，方法中育人才”的理念，以“解读中国人文传统，传递中国人文精神；展示中国人文魅力，凝聚中国青年力量”为主线，直面青年学生对中国传统文化了解不多、领悟不深、传袭不够的现实问题，将解读人文传统与剖析社会热点相结合，从不同角度衔接传统与现代，深描中国人文的演进过程及对当下的现实意义，力求全方位地解读人文、认知人文，进而加深中国大学生对中国优秀传统文化的理解，增强文化自信和爱国信念，达到“以文化人”“以德育人”之目的。

第一章　大学校训与人文情怀

中国传统文化的形成，有一个漫长的历史发展过程。习近平总书记强调："我们说要坚定中国特色社会主义道路自信、理论自信、制度自信，说到底是要坚定文化自信。文化自信是更基本、更深沉、更持久的力量。"因此，作为当代大学生，除了学习专业知识之外，还要具备人文素养，怀有人文精神，展现人文情怀。

问题

1. 中华民族人文精神的核心是什么？
2. 百家争鸣的时代对中国后世有何巨大影响？
3. 中国知识分子的家国情怀有哪些表现？
4. 什么是大学精神？

中国传统文化博大精深、源远流长，每一个时代、每一个方面、每一家之说，甚至某些只言片语，都值得进行深入探究和关注，而我在这方面只能算是略知皮毛。好在课程的导读作用，不在于多么深，而是在于面广，这样一来，我的选择余地就很大了。尽管我在中国传统文化方面的学养远远不够，但我会尽我所能，尽量讲好，希望能够给同学们带来一点启发和帮助，让同学们对中国优秀传统文化更加感兴趣，更加热爱。

有的时候，我们会发现，对于很多问题，不问，觉得是懂的，一问，却发现并不懂，或者了然于心，却不知道如何表达。就以"情怀"为例，我们常常会说，"做一个有情怀的人"，那么，什么是情怀？可以查到的解释是"感情""心境""胸怀"，或者"含有某种感情的心境"，但是总觉得不够全面、准确。我们中国人很多内在的领悟和感受往往是中国人独有的，这与中国文化有关，可以意会，难以言传，言有尽而意无穷。

"情怀"可能是一种感情、一种心境、一种胸怀，或者三者兼而有之。"情怀"前面加上"人文"两个字，指向变得明确。人文情怀不再是指个人的感触和心情，而是一种跳出小我关注大我的胸怀，以国家民族未来为己任，追求的是人的自由发展，追求的是社会的公平正义。

中国人有着自己特有的人文情怀。2 500 多年前，儒家提倡的“修身、齐家、治国、平天下”理念，体现出的是“家国一体”的人文理想，这种理想始终深深扎根于每一个中国人的心里，这就是中国人特有的家国情怀。

我的这一讲，以“人文中国”为出发点，简要回顾中华五千年文化的起源和人文精神的核心；以“人文情怀”即中国人的“家国情怀”为线索，简单梳理中国传统人文思想的主要特征；以“大学校训”为落脚点，谈一谈我校校训精神对中国优秀传统文化的传承。

一、“一画开天、文明肇始”与“自强不息、厚德载物”

我们讲人文精神，首先应当知道中华文明的开端与发轫，以及中华民族人文精神的核心是什么。

1. 中华文明的开端与发轫：一画开天、文明肇始

中国传统文化的形成，有一个漫长的历史发展过程。约在 5 000 多年前或更早的时候就产生了华夏文明，形成了以黄河流域为中心的夏、商、周的汉文化。我们形容中华民族五千年文明的开端与发轫常常用八个字来表示：“一画开天、文明肇始”。

“一画开天、文明肇始”讲的就是远古时代的包牺氏，即传说中的圣人伏羲、中华民族的人文始祖，是第一个有文字记载的远古王者[三皇五帝中的三皇是伏羲（太昊）、神农（炎帝）、轩辕（黄帝），此外，仓颉造字的传说是在黄帝时期]，也是中华文化的奠基者。“一画开天、文明肇始”，这一画就是指伏羲当年仰观俯察，把天地万物及其规律化繁为简，用“—”和“--”符号变化来表示乾、坤、震、巽、坎、离、艮、兑，象征着天、地、雷、风、水、火、山、泽八个自然现象。

事实上，从伏羲观物取象画八卦开始算起，中华民族文明史的开端与发轫的时间可以大大向前推进，距今大约 5 000 年至 8 000 年。从三皇五帝、夏、商、周、秦、汉、魏晋、南北朝、隋、唐、五代、宋、元、明、清到今天，中华民族的历史传承与发展从未中断过。

2. 中华民族人文精神的核心：自强不息、厚德载物

要谈论中华民族的传统文化、人文精神的产生与发展，就必须首先要提到一部中国古代经典《易经》。《易经》自古就被称为“群经之首”“大道之源”。无论是儒家

思想、道家思想，或者其他具有代表性的中国古典思想，无不受到《易经》思想的深刻影响，都能在其中找到源头活水。可以说，《易经》博大精深，是中华文化总源头。

《易经》是怎样形成的呢？《汉书》认为是“人更三圣，世历三古”，“三圣”是指伏羲画八卦，周文王演为六十四卦，孔子作《易传》；“三古”是指上古、中古、下古（即春秋战国时期）。《易经》是中国古代最早涵盖天、地、人三界的哲学著作，为世人提供了一种形象概括世界万事万物本质和规律的思维模式。

“自强不息、厚德载物”出自《易经》中的“天行健，君子以自强不息”“地势坤，君子以厚德载物”。自强不息、厚德载物思想，支撑着中华民族生生不息、薪火相传，逐渐积淀为中华民族的内在气质，是中华民族赖以生存和发展的精神支撑。自强不息、厚德载物思想，是中华民族的民族精神核心，这种精神深深根植于中华民族的优秀传统文化之中；是中华民族的文化价值理想的一个集中体现，在漫长的历史长河中已经成为中华民族的共同特性，我们每个中国人都在精神上打上了这个烙印。

古埃及、古巴比伦、古印度和古中国，是世界公认的四大文明古国。但是，四大文明除了中华文明以外，其余三大文明古国全部都在历史的长河之中销声匿迹了。中华民族绵延五千年靠的就是自强不息、厚德载物的精神，“正是优秀的人文精神铸就了伟大的中华民族精神，培育了中华民族柔韧坚毅的民族性格和品质。也正是历久弥新的人文精神，使中华民族这个大家庭历经磨难而生生不已，国家没有散，文脉没有断，‘野火烧不尽，春风吹又生’”。

二、“诸子并存、百家争鸣”与“兼容并蓄、博采众长”

要谈中国人的人文精神与人文情怀，也必须谈及兴起于春秋战国时期的先秦诸子百家思想对中国人的影响。“百家争鸣”可以说是中国历史上的一次思想解放运动，对当时和后来社会历史的发展，起了巨大的推动作用。

1. 诸子并存、百家争鸣

春秋战国时期，是一个处于社会巨变的时代，是一个需要巨人而又产生巨人的时代，也是中华文化极为繁荣的时代。中华文化达到了一个前所未有的高峰，出现了诸如老子、孔子、墨子、孟子、庄子、荀子、韩非子、管仲、商鞅等伟大的先圣哲人，先后兴起了儒、墨、道、名、法、阴阳、农等学派，各具鲜明的个性特征。因此，有人把这个时代称为中国文化的“轴心时代”。

这个时期最活跃的是士(有知识而无话语权,有身份而无地位的最低等的贵族),他们最渴望的是改变现实,其中儒、墨、道、法最具代表性,他们的影响也最为广泛而深远(儒家代表的文士、墨家代表的武士、道家代表的隐士、法家代表的谋士)。诸子百家之中,儒家、道家、墨家、法家的思想对后世影响最大。儒、墨、道、法的思想理念各不相同,各有所长,各有所短,而各家内部思想理念也并非完全统一,也有互相矛盾之处。简而言之,儒家追求大同,以修身为体,以安人为用("穷理正心,修己治人")。道家重视无为,以静为体,以柔为用("不欲以静,驰骋至坚")。墨家体现侠义,以兼爱为体,以相利为用("摩顶放踵,以利天下")。法家主张法治,以势为体,以刑为用("禁奸止过,莫若重刑")。

2. 兼容并蓄、博采众长

儒家作为诸子中最有影响的学派,是中国传统文化的内核。儒家构建的以"仁、义、礼、智、信"为核心的价值体系,在汉武帝"罢黜百家、独尊儒术"之后得到确立,成为中国人的主流意识形态,对中国文化的发展起着规范和制约的作用,时间长达2 000年之久,直到五四运动。

孔子思想核心:一是"克己复礼",二是"天下归仁"。他希望用"仁义"挽救"礼崩乐坏"的社会局面,希望人们以"亲亲之爱"为起点,在人与人之间架起一座相互关心、相互帮助的"仁爱"桥梁。

儒家的理想国是"老有所终,壮有所用,幼有所长,鳏寡孤独废疾者皆有所养"的大同社会。《礼记・礼运》中有对大同社会的理想蓝图的描写。我们现在讲的要在2020年全面建成的小康社会中的"小康"一词也最早出自《礼记》,原意是指比理想中"天下为公"的大同社会较低级的发展阶段和社会形态。

儒家社会公德标准是"忠道""恕道"。孔子说"君子之道,忠恕而已"。孔子所讲的"忠"指的是诚信,"恕"指的是体谅。

尽管儒家2 000多年来处于一统地位,但道家、墨家、法家的思想也深深影响着中国社会。对于今天的中国人来说,我们应当对各家学说思想采取兼容并蓄、博采众长的态度。易中天教授对儒家、道家、墨家、法家思想有着精辟的概括和总结,抄录于此,供参考:

墨家关注社会,构造社会理想:平等、互利、兼爱。

道家关注人生,树立人生追求:真实、自由、宽容。

法家关注国家,创造治国理念:公开、公平、公正。

儒家关注文化,建立文化基础:仁爱、正义、自强。

三、中国哲学思想中三个“合一”

当代国内新儒学(多重视角、返本开新、融通中外)代表人物之一汤一介先生提出,中国传统哲学有三个基本命题：天人合一、知行合一、情景合一。他说:“中国传统哲学是由一套不同于其他民族的哲学的特殊概念范畴构成的,有三个基本命题：‘天人合一’‘知行合一’‘情景合一’,这三个基本命题表现着中国传统哲学关于真、善、美的特殊观念,从这些特殊观念出发,形成一个既不同于西方也不同于印度的理论体系。”

哲学是文化的核心,深入学习领会中国传统文化,应当了解中国传统哲学,从汤一介先生提出的中国传统哲学三个基本命题入手,非常有助于我们理解和把握中国传统文化的丰富内涵和精神实质。

1. 中国传统哲学中的“真”：天人合一

“天人合一”是中国传统文化中最基本的思想模式,也是中国传统文化基本精神中最根本的一条。《易经》最早出现的“天人合一”观念,强调三才之道,将天、地、人并立起来,既追求天与人的和谐统一,同时又肯定天与人的区别,强调人的主观能动性。“天人合一”既是儒家的基本概念,也是道家、墨家、法家等一切其他的思想体系的出发点和归宿,他们的哲学思想中都包含了“天”和“人”这两个概念以及这两者之间的关系问题,当然,其内涵各有不同。

中国传统知识分子受儒家的“天人合一”思想影响最大,往往要用自己毕生的精力“究天人之际”,实现“天人合一”的理想,努力要达到“天人合一”的至善之境。

“天人合一”的核心是,人与自然不是相互对立的客观存在,而是自然的产物,人性即天道。宋代理学家程颐“性即理也”。而宋代理学开山鼻祖周敦颐提出“万物一体”的思想。汤一介先生认为,为什么要对天命有所敬畏呢？因为人不能把自己看成无所不能的,要承认人是有其局限性的,所以要敬畏某种有宗教性的超越力量。

2. 中国传统哲学中的“善”：知行合一

“知行合一”是明代著名心学家王阳明提出来的,他认为“知是行之始,行是知之成”,提出“知行合一”思想。

中国古代关于知与行的关系,有着不同的见解和论述。《尚书》提到“知之非艰,行之惟艰”,即知易行难。南宋著名理学家朱熹强调“知先行后”,他认为知难行易。

王阳明说的“知”是一种良知,指的是人的道德意识和思想理论,而“行”是指人的道德践履，他反复强调他的核心思想“致良知”。“致”就是实现，是将自己的良知充分发挥出来，而“良知”就是天理。他认为“知”与“行”二者互为表里，不可分离。知必然要表现为行，不行则不是真知，而良知自觉的行，即是知。王阳明著名的“四句教”抄录于此，供大家参考：“无善无恶心之体，有善有恶意之动，知善知恶是良知，为善去恶是格物”。

3. 中国传统哲学中的“美”：情景合一

“情景合一”出自明末清初的思想家王夫之和清末民国初的国学大师王国维。王夫之提出：“情景名为二，而实不可离。神于诗者，妙合无垠。”王国维也在其《人间词话》中说：“昔人论诗词，有景语情语之别。不知一切景语，皆情语也。”景在主体之外，作为客体即为景；景在内，移入主体之心，即化为情，景中生情，情中含景，情景一合，自然妙悟。

王国维是中国近代美学的开创者之一，他的美学思想之一“境界说”，人们耳熟能详。他认为，境界包括自然景物与人的思想感情以及二者的融合，他说，古今之成大事业、大学问者，必经过三种之境界：“昨夜西风凋碧树，独上高楼，望尽天涯路”，此第一境也；“衣带渐宽终不悔，为伊消得人憔悴”，此第二境也；“众里寻他千百度，蓦然回首，那人却在灯火阑珊处”，此第三境也。

四、“修身、齐家、治国、平天下”与中国知识分子的家国情怀

什么是家国情怀？家国情怀就是由己及家，由家及国，由国推及天下，家国一体的思想理念和价值取向。自古以来，中国知识分子最大的特点就是有着浓浓的家国情怀。

1. 家国情怀与天下为公

儒家主张“天下为公”，追求大同社会理想，认为每一个人都应该共同承担社会责任，无论是民众，还是大夫，乃至国君，都要自觉修身，“身修而后家齐，家齐而后国治，国治而后天下平”。“修身”是“齐家治国平天下”的基础，“齐家”是“治国平天下”的关键。先扫一屋，再扫天下。

“修身、齐家、治国、平天下”出自儒家经典《大学》，是儒家学说的精髓所在，也是历来中国知识分子尊崇的价值理想。有人评说，儒家文化是“修齐治平”文化，是“修己安人”的文化。孔子说：“士不可不弘毅，任重而道远。”孟子讲道：“生，亦我所欲也，义，亦我所欲也。二者不可得兼，舍生而取义者也。”在儒家的眼中，以天下之任

为己任者即圣人，舍生取义之人即仁人，有德之人即君子，无德之人即小人。（儒家也分君子儒与小人儒，孔子对子贡说，要做君子儒，不要做小人儒。）

2. 家国情怀与理想坚守

古往今来，“修齐治平”文化、“家国情怀”已然潜移默化于中国知识分子的读书明理之中，并且把此作为人生的一种理想和追求，无论人生境遇如何，无论是处庙堂之高还是处江湖之远，都会把自己的人生价值和生命意义深深根植于家国天下之中，为家国天下奔走努力。家国情怀既是一种人生使命，一种责任担当，也是一种对理想的坚守。

鲁迅先生曾说过：“我们从古以来，就有埋头苦干的人，有拼命硬干的人，有为民请命的人，有舍生求法的人……虽是等于为帝王将相作家谱的所谓‘正史’，也往往掩不住他们的光耀，这就是中国的脊梁！”鲁迅先生所称之为“中国的脊梁”的这些人，就有着对自己理想的执着和坚守。

3. 家国情怀与成仁取义

“家国情怀”就是一个人对自己国家和人民所表现出来的大爱，有如北宋朝张载说的“为天地立心，为生民立命，为往圣继绝学，为天下开太平”的恢宏气度，也如林则徐所说的“苟利国家生死以，岂因祸福趋避之”的一往无前的决绝。千百年来，深明大义的读书人，也是以国家民族大义为重的人，为了国家和民族利益，成仁取义，能够牺牲个人利益甚至生命，他们是中华民族的脊梁。民族英雄文天祥就义前的绝笔中写道：“孔曰成仁，孟曰取义，惟其义尽，所以仁至。读圣贤书，所学何事？而今而后，庶几无愧。”（孔子说成仁，孟子讲取义，只有忠义至尽，仁也就做到了。读圣贤的书，所学习的是什么呢？自今以后，可算是问心无愧了。）

五、中西方大学的起源与发展

1. 欧洲大学的起源与发展

欧洲最早的大学先驱可以追溯到公元前四世纪柏拉图在雅典附近一个叫 Academos 村庄建立的 Academy，主要教授哲学、数学、体育。1087 年，欧洲最早的大学诞生于意大利，十二世纪出现了巴黎大学、牛津大学，剑桥大学始建于十三世纪。欧洲中世纪大学主要学科有神学、法学、医学（欧洲中世纪三大支柱）以及人文学科，其特点是独立性、自主性，精英教育。1810 年，威廉·洪堡建立柏林大学，把研究和教学结合起来，被认为是现代大学开端。

2. 中国大学的起源与发展

中国最早的大学可追溯到夏朝(禹、舜)成立“上庠”,《礼记》郑玄注中说:“上庠,右学,大学也,在西郊。下庠,左学,小学也。”汉代设太学,隋、唐、明、清称之为国子监。太学或国子监为官办大学。

中国古代的“大学”里都讲授什么? 说到大学,我们都会想起古代经典《大学》一书中的一句话:“大学之道,在明明德,在亲民,在止于至善。”事实上,这里的“大学”有两层意思:一是指博学,二是相对于小学而言。古人八岁小学,学习“小六艺”(礼、乐、射、御、书、数)。十五岁大学,学习“大六艺”(《诗》《书》《礼》《乐》《易》《春秋》)。(四书五经,即《大学》《中庸》《论语》《孟子》《诗经》《易经》《尚书》《礼记》《春秋左传》,四书始于宋代,五经始于汉代)。

3. 春秋时期私学的兴起

私学产生于春秋时期。私学是中国古代私人办的学校,与官学相对而言。宋代以后出现书院,如白鹭书院、岳麓书院、茅山书院等都为私学,用现在的话来说属于私立大学。中国的大思想家、大教育家孔子创办私学,开启了中国私学发展之路,他的教育教学理念是不问出身和家境,广收门徒,有教无类。孔子创办私学意义重大而深远,不仅促进了儒家学说的广泛传播,更为重要的是打破了贵族垄断教育的局面,推动了教育在一定范围内的普及,让平民百姓有机会获得受教育的机会,在中国文化发展历史上具有划时代意义,对中华文明的发展作出了巨大贡献。可以说,平民百姓获得受教育的机会不仅可以使“朝为田舍郎,暮登天子堂”成为可能,更重要的是让来自平民百姓的知识分子能够一展“修齐治平”的人生抱负与家国情怀。

4. 扎根中国办大学

中华民族历来重视教育,始终把教育作为治国安邦的大事。这是中华民族繁衍发展、中华文明绵延不绝的一个重要原因。正所谓“育才造士,为国之本”。当然,近代意义上的高等教育在我国发展只有100多年。鸦片战争后,受西方坚船利炮和科技发展的冲击,一批新式教育机构开始在我国设立,北洋大学堂、京师大学堂、南洋大学堂等逐渐发展起来。中国共产党早在革命战争年代就创办了抗日军政大学(现在的国防大学前身)、陕北公学(现在的人民大学前身)、延安女子学院(后并入延安大学)、鲁迅艺术学院(后来的中央学术学院前身)等一批高校。新中国成立以后特别是改革开放以来,我国高等教育实现了快速发展。

习近平总书记反复强调“要扎根中国大地办大学”。这是因为我们国家是拥有5 000多年历史的文明古国,我们国家有独特的历史、独特的文化、独特的国情,所以,我们必须要扎根中国、融通中外、立足时代、面向未来,坚定不移地走自己的路。

六、大学校训与传统文化

1. 道路自信、理论自信、制度自信、文化自信

如果一个国家、一个社会缺乏共同遵循的价值理想,缺乏普遍认同的思想基础,缺乏凝聚人心的奋斗目标,必定人心不一,思想混乱,一盘散沙。由此可见,社会主义核心价值观对当代中国具有重大意义。习近平总书记强调:“我们说要坚定中国特色社会主义道路自信、理论自信、制度自信,说到底是要坚定文化自信。文化自信是更基本、更深沉、更持久的力量。”

社会主义核心价值观是当代中国精神的集中体现,也是中华优秀传统文化的继承和发展,它所倡导的价值理念具有强大的道义力量,它所昭示的前进方向契合中国人民的美好愿景。

大学的校训是涵养社会主义核心价值观的重要载体。事实上,很多高校的校训同社会主义核心价值观的内在要求是一致的,比如北京大学的“爱国、进步、民主、科学”,清华大学的“自强不息、厚德载物”,南开大学的“允公允能、日新月异”,武汉大学的“自强、弘毅、求是、创新”,等等。

2.“诚信、宽容、博学、务实”

我们上海对外经贸大学的校训“诚信、宽容、博学、务实”,也充分体现了上海对外经贸大学的特色文化和价值取向。“诚信、宽容、博学、务实”的校训涵盖了“立德、修身、治学、做事”四个方面,既反映了我们学校的办学传统,也展示了学校的精神面貌;既源于中华民族优秀传统文化,也与社会主义核心价值观一脉相承。“诚实守信、宽厚包容、博采笃学、务本求实”是中华优秀传统文化的思想精华。诚信是一种操守,人以诚信立身;宽容是一种修养,人以宽容待人;博学是一种境界,人以博学正业;务实是一种精神,人以务实做事。我们应当大力倡导诚信立身、宽容待人、博学正业、务实做事的学校精神文化,建设特色鲜明的优良校风。

3. 春华秋实、桃李芬芳

下面,我想给大家讲讲学校的 3 位杰出校友,透过他们,大家可以更加直观地感受到中华儿女的家国情怀,以及我们学校的精神文化。

第一位获得学校杰出校友称号的是陈炳煌先生,他 1940 年出生于印度尼西亚,是一位有声望的美籍华人;1961 年他曾在我校英语专业就读;80 年代初自创企业;

1984 年他与中国和加拿大的农业专家共同在中国农田试验“平衡施肥”，目前该项目已经推广到中国 30 多个省，为我国农业现代化作出了一定的贡献；他为人谦虚朴实，乐于助人，热心社会公益事业，香港《地平线月刊》曾以“孤儿院义父办大学”为标题，报道了他长期救济收养弃婴孤儿，并创建印尼多摩韩·舍利佛大学的事迹。

2007 年，学校表彰的杰出校友是在中国与科威特两国建交 35 周年的庆祝大会上接受科威特政府嘉奖的孙渤先生，他也是 2003 年“感动中国”的候选人。他曾于我校就读商务英语专业，他以自己非凡的工作成绩，获得了科威特政府对中国人的首次嘉奖；在科威特政府嘉奖的国书面前，他平静地说：“我的荣誉属于母校。”看得出他对母校的用情之深，不是一般人所能比拟的。他总说，“有多大视野，世界就有多大；有多大世界，自由就有多大”；“我所获得的荣誉，源自于母校给予我的深厚底蕴，源自于恩师们对我的精心栽培”；“母校光荣，我就光彩，为母校增光是我的责任”。

2011 年，学校表彰的杰出校友周汉民，现任全国政协常委、民建中央副主席。他曾于 1995 年获全国“杰出青年法学家”提名奖，在国际经济法、中美贸易关系、关贸总协定等问题的法律研究方面卓有成效，多部专著获奖。当一位学生通过东方网问周汉民教授“在择业观念发生变化的今天学生该如何提升自己”时，周汉民寄语：一是学做人，二是学做事，三是学求知，四是学共处。正好对应了诚信、务实、博学、宽容四个方面。

学校自 2006 年以来每年评选杰出校友，每当他们回到学校，在表达对学校深厚感情的同时，都不忘给学弟学妹提出宝贵的意见建议，概括起来就是一句话：在学校里最重要的就是要形成良好的价值观，多看书、勤思考，不断丰富自身的底蕴和内涵，做一个有益于国家和社会的人。

“芳林新叶催陈叶，流水前波让后波。”每一代青年都有自己的际遇。同学们，你们这一代人自出生就生活在改革开放的年代，最大的幸运在于你们不仅见证了中国至今的高速发展，而且还将亲身参与未来三十年甚至更长时间的更加激动人心、更加富有挑战的事业！你们这一代人，将亲手把中国的经济重新带回总量世界第一，亲手把中国的企业更多地推向全球，只要抓住机遇，就能乘势而上。非常希望你们从今天起，就能够在学好知识、提升能力的基础上，更加自觉地践行社会主义核心价值观和校训精神，将来积极主动投身于中国特色社会主义伟大实践，为实现中华民族伟大复兴“中国梦”贡献自己的一分力量！

第二章　中国文化能走多远？

——以管仲的经济思想为例

改革开放以来，中国社会借力西方，获得高速发展，西方思想也深刻影响了中国社会。其中尤以西方经济学最为繁盛，而中国传统文化中的优秀经济思想几乎湮没无闻。习近平总书记提出，一个不记得来路的民族，是没有出路的民族。只有深刻了解中国传统，才能牢固树立文化自信。本章以管仲经济思想为例，用管仲提倡的民为邦本、控制资源、以税代征、平衡贫富、引导投机等经济理论与操控实例，对照当今的经济现象，深刻剖析中国本土的经济理念对社会运作的优良效用，激发读者探索和学习传统经济思想的热情，从而培养热爱祖国文化的美好情怀。

问题

1. 民为邦本的经济学含义？
2. 将来机器人普及，普通人还是资源吗？
3. 怎样降低全社会的贫富差距？
4. 怎样发挥商战的威力？
5. 促进营销有哪些基本原则？

改革开放以后，西方科技、资源、思想对中国社会腾飞起过一定的帮助作用。但西方并不是天使，我们对此要保持警惕。比如，经贸类大学都有一门课：西方经济学。当我们孜孜不倦地钻研西方经济学生僻词句与烦琐理论的时候，是否想过我们中国历史上可曾有过优秀的经济学家？今天我要讲的就是中国历史上最优秀的经济学家管仲。他的经济思想影响千年，完全可以媲美今天西方最流行的那套经济理论，但好像长期以来我们都忽视了他。本章将以管仲经济思想为例，探讨中国古代先贤如何利用优秀的本土经济思想操控庞大的国民经济并引导国家走向富强。

我始终强调，大学生要懂得最基本的经济原理，为什么？国家与家庭一样，没有钱就会崩溃，贫富失衡就会掐架。很多人习惯于钻研细微的经济现象，却往往很难把握经济学最核心、最精髓的基本纲领。举个例子。历史上，李自成起义的分水岭不是吴三桂引清军入关，而是他喊出一句口号："吃他娘，穿他娘，开了大门迎闯王，闯王来了不纳粮。"这个口号既使得他领导的起义得到广大民众的支持，力量迅速壮大，推动他进军北京，坐上龙庭，也注定了他未来必然覆灭的宿命。我们知道，十万大军，坐吃山空，立吃地陷。你能吃谁的？你已经说了不纳粮，那就是不收税了，不吃穷人了，所以你只能吃当地大户。当地的大户吃完，你只能迁移，去吃别地的大户。如此循环，导致李自成始终没有稳固的根据地，只能成为流寇。一旦受挫，军队往回走，就找不到大户可吃，没有资源依靠，势必一败涂地。这是很多人忽略了的李自成失败的最大原因。

我们比较一下，同样是领导农民起义，伟大领袖就取得了成功。这固然有先进思想的引导，但也不要忽略那些硬件。毛主席说过两句话，一句是"枪杆子里出政权"，一句是"共产党是左手拿传单，右手拿枪弹才可以打倒敌人的"。这生动地阐明了共产党政权的两大硬件。毛主席有个弟弟叫毛泽民。当伟大领袖抓着"枪杆子""笔杆子"闹革命的时候，毛泽民始终跟在领袖身边，拎着"钱袋子"。毛泽民前后担任过湖南省立第一师范附小的后勤主任、上海中共中央出版发行部经理、闽粤赣军区经济部部长、中华苏维埃国家银行第一任行长、国民经济部部长、国家对外贸易总局局长等，为人民的解放事业作出了很大贡献。

可见政权有三要素，缺一不可：枪杆子、笔杆子、钱袋子。

一、为什么选管仲

关于管仲，系列纪录片《中国古代名人圣贤》里有一集视频，其内容简介如下：

> 管仲，名夷吾，字仲，又名管敬仲，是我国春秋时期伟大的政治家、军事家、思想家和经济学家。他以其卓越的谋略辅佐齐桓公成为春秋时期第一个霸主。他立志改革，富国强兵，成就了九合诸侯、一匡天下的丰功伟业。他的民为邦本、礼法并用、通商惠贾、开放务实的深邃思想，赢得了世人的讴歌和后人的礼赞。管仲的言论见《国语·齐语》，另有《管子》一书传世。
>
> 管仲出身于破落名门之后。青年时期的管仲，一方面受其曾显赫辉煌一时的家族史的影响，超凡脱俗、志存高远，具有干一番轰轰烈烈大事业的意识，另

一方面家境贫困，谋生的坎坷，使管仲具有了坚忍不拔的进取精神。乱世的纷争、时局的动荡，锻炼、铸就了管仲明察世态、洞悉时局的能力。他为了实现功名显于天下的志向，学先贤，习武艺，交友共勉，调查实践，多方吸纳齐家、治国、平天下之道，为其后来能成为治齐贤相、称霸诸侯、建立伟功奠定了坚实的基础。

要予以说明的是，署名管仲的著作《管子》非一时、一人之作，但以管仲的学说和思想为基础，成为封建国家经济运作的核心奥秘，构成封建统治的三鼎足：依《商君书》进行政治控制，依孔门学说进行思想教化，依《管子》进行经济操纵。

管仲一生轨迹，前期非常倒霉，后期功业显赫，极有逆袭的戏剧性：

1. 少年养马；

2. 经商多占，又失败；

3. 当兵，三次打仗逃跑；

4. 辅佐公子纠，主死身囚；

5. 射齐桓公中衣带钩，犯篡逆大罪，可谓命悬一线；

6. 辅佐齐桓公称霸天下，《战国策》评价说："据齐国之政，一匡天下，九合诸侯，为五伯首，名高天下，光照邻国！"

对照战国地图可以看出，在管仲之前，齐国只有巴掌大的一块地盘，好像根本不可能做出多大成就。即使管仲之后，齐国最鼎盛的时候，齐国地盘也不是很大，跟今天山东省的面积差不多。而且管仲与齐桓公两人，几乎没有在战场上占过什么便宜。那么，齐国是如何崛起的呢？管仲的策略是什么？答案是：经济操控。

面临经济统筹，我们常人的做法是，守着多大碗，就吃多少饭。而管仲却提出："故圣人善用非其有，使非其人，动言摇辞，万民可得。"意思就是，通过一定手段进行调控，引导百姓的集体行为，就可以集聚天下人力与物资，为我所用。在今天，这句话可以概括为：集中社会力量办大事。

所以，这第一部分总结起来就是：为什么我选择管仲？因为：第一，经济是支柱，对家对国都是支柱；第二，管仲的经济思想，一直运用于社会运作，但普通人常忽略。

二、民为邦本的经济学含义

《三国演义》第41回"刘玄德携民渡江"，曹操大军追来，刘备带着百姓，拖儿带女，牵牛驮羊，队伍行走非常缓慢。诸葛亮非常着急，建议刘备说：不如暂时丢下百姓，我们率军队快速逃走。书上写道：

玄德泣曰："举大事者必以人为本。今人归我，奈何弃之？"

请问：这是道德？还是利益？

历来三国评论界都鼓吹刘备的仁慈，说他心系百姓。但是换个角度看，这个说法可能错得离谱。我们知道，大军过后，必有凶年。什么意思呢？十万大兵啊，怎么解决吃饭问题？和平年代，士兵屯田，搞大生产运动，自力更生，丰衣足食；战争年代呢？在战壕里种麦子？百姓耕作纺织，士兵才不会挨饿受冻，所以十万百姓就是十万大兵的粮袋。如果今天匆忙之中丢掉了粮袋，即使逃到江陵，十万大兵也保不住。而且追兵不是还没到嘛，慌什么呢？所以，这段文字既展示了诸葛亮作为战术家的视野局限，也展示了刘备作为战略家的远见和作为领袖的冷静。也许比较冷酷，这就是封建时代"民为邦本"的经济学含义。

《管子》认为，人即资源。管仲提出"国富""民足"。请注意，管仲从未提出民富，是民足，够吃为限度。在管仲眼里，老百姓只是封建统治者的资源和工具，因此他提出，治人如治积水，养人如养牲畜，用人如用草木。所谓"仓廪实而知礼节，衣食足而知荣辱"也许只是为了更好地使用这一资源。

1. 徕民

人从哪里来？两种办法：一种是《吴越春秋》提及的鼓励生育，等待人口缓慢增长。另一种就是抢夺别国人口。通过武力攻城略地，大量掳掠来实现，但管仲几乎每战必败，这条路无法走通。管仲打的是温情牌，他提出，招徕别国的百姓，鼓励他们移民。他制定的鼓励措施如下：

低税收。《管子》记载：使纳税人只出收入的百分之一，孤儿与幼童不准处刑，湖泊按时开放，关卡只查问而不征税，市场只登记而不收税，对近处示以忠信，对远处示以礼义。实行几年后，前来归附的民众，好像流水一样络绎不绝。《管子》又载：垦草成封、就泽而盐的人们，纷纷前来归附，像赶集一样络绎不绝。但是，过低的税收导致政府贫穷，将使社会基础设施建设崩溃，进而导致整个社会崩溃，因而这只是一时权宜之计，不可能长久。问题是，普通人对眼前利益非常着迷，看不了那么长远。

高福利。《管子》记载：入国才四十天，就五次督行九种惠民的政教。第一种叫作老老，类似今天养老院；第二种叫作慈幼，类似今天幼儿园；第三种叫作恤孤，类似今天孤儿院；第四种叫作养疾；第五种叫作合独；第六种叫作问病；第七种叫作通穷；第八种叫作赈困；第九种叫作接绝。细看这些措施，正是导致今天欧洲陷入经济泥淖的根源：从摇篮到坟墓的高福利。但是羊毛出在羊身上，这一切都不过是经济操纵。

此外，管仲在齐国的各个边境城市，还设立粮仓，发给邻国前来借粮的百姓。如此优厚的福利待遇，自然诱惑力非常大，于是百姓纷纷进入齐国。

上述措施，说明管仲敏锐地发觉：农业文明的人口，就像游牧文明的牛羊一样，可以为封建统治者创造无穷财富。因此，人就是最好的工具，就是最大的资源；只要有了人，就不愁创造不出社会财富。

2. 牧民

当齐国人口膨胀起来之后，就需要对这些一盘散沙的乌合之众加以管理，如果白白养着这群庞大的民众，那么齐国肯定垮掉；所以需要采取措施，把他们集聚成强有力的、能为我所用的社会资源。

《管子》提出，要从道德、律法等多个层面全方位地引导民众：用道理开导人们，用恩惠笼络人们，用仁爱团结人们，用道义培养人们，用施德对待人们，用信用交结人们，用礼节接待人们，用音乐和悦人们，从工作上考核人们，从言论上考察人们，用强力推动人们，用戒律威服人们。

《管子》还提出一些有趣的奖惩措施。比如，先要树立标杆，划定规则：一定要先给教训，万民才趋向好的风化；经常给予利益，民众就会顺利完成己任。得人的方法，莫如给人利益；而给人利益的方法，莫如用实际政绩来证明。同时，《管子》也意识到，惩罚必不可少：人们习惯相互憎恶，人心凶悍，所以要颁布法律，让人们在法律的框架内行事，社会才能良性运作。

《管子》还敏锐地提出，除了制定规则，封建统治者还必须夺取舆论阵地，掌握舆论引导权，否则可能误事。他举例说：泛爱人类的议论占优势，士兵就不肯作战；全生保命的议论占优势，廉耻之风就不能建立。因而封建统治者需要特别关注舆论引导。

综上，要想实现“民为邦本”的经济学意义，封建国家的统治者就必须认真研究人性，才能顺势而为，才能事半功倍。《三国演义》第1回载：黄巾张角要起义，他提出的理由是：“至难得者，民心也。今民心已顺，若不乘势取天下，诚为可惜。”张角提出，吃透人性，了解民众人心思变的当下心态，就能聚集起大规模的人群，带着他们搅乱社会；如果过一阵，普通民众的心态变了，就不能聚集大规模人群了，更不可能发动起义了。唐太宗也提出，水可载舟，亦可覆舟。老百姓既能拥护封建帝王上台，也能推翻你，把你赶下台。无论是开国者，还是守成者，都要特别关心民众的呼声，谨慎研究舆论民情，才能因势利导，取得成功。

请思考：将来机器人普及后，人还是资源吗？

第一，自然人，不是资源人。

第二，太多的自然人，怎么办？比如，随着老龄化社会的到来，养老金的困局怎么解？

第三，你是资源人吗？

我要提醒一下，就业机会首先是经济现象。在经济周期膨胀阶段，厂矿企业大肆扩张，四处招人，工作机会易得；但经济萧条时期，企业倒闭，四处裁员，名牌大学毕业生都要在大街上勤奋地寻找极为罕见的招聘信息。因此，经济冷热和人力需求呈现出这样的关系：经济下行，人力需求弱；经济上行，人力需求旺。

如果没有足够的就业岗位，怎么办？

有一种办法就是考虑把富余人力引进农村，引进西部，促进农村发展，打破区域失衡，同时舒缓城市压力。课后可以查考《新华社新闻现场：转型中国让更多千禧一代选择"上山下乡"》。

请注意，这是对人即资源的创造性运用，所谓人少有人少的办法，人多有人多的办法。我们学习管仲，就是要学习这种积极实践且推拉自如的高度智慧。

三、怎样收割天下

有个成语叫"朝三暮四"。《庄子·齐物论》载：宋国有个养猴的老人，很喜欢猴子，宁愿自己节衣缩食也要供养猴子。不久，经济危机了，家里缺粮，老人想减少食物供给，又怕猴子恼怒。他就先骗猴子说："给你们橡树果实，早上三个、晚上四个，好吗？"群猴皆怒。他连忙赔上笑脸，改口说："那这样，早上四个、晚上三个，这总可以了吧？"群猴皆喜。

庄子的这一经济思维，与今天的征税思想不谋而合。英国经济学家哥尔柏说："税收这种技术，就是拔最多的鹅毛，听最少的鹅叫。"2015 年 10 月，网易新闻转载"人民日报谈征税：要把鹅毛拔下来，又不让鹅叫唤"，而这些思想，《管子》都有详细论述。

《管子》提出："人不可不务也。此天下之极也。"也就是，要非常注重研究人性，这是天下最重要的问题。据《史记·管晏列传》记载，管仲说"通货积财，富国强兵，与俗同好恶"，"俗之所欲，因而予之；俗之所否，因而去之"。即，管仲吃透人性，顺势而为，最终能够发展经济，壮大政权。

《管子》提出，管理民众需要因势利导，绝不要粗暴蛮干：政令所以顺利推行，在于顺应民心；政令所以遭到废弛，因为违背民心。民众怕忧劳，我便使他安乐；民众怕贫贱，我便使他富贵……由此可知，给予民众的最终目的，是为了更好地索取。他还说，这个原则，是治国的法宝。

具体到征收环节上，《管子》提出一对矛盾：

其一，强征破坏生产。《管子》说：如果我们对房屋收税，老百姓就会为逃税而毁掉房屋；如果我们征收人头税，老百姓就会逃避人口登记；如果我们对家畜收税，老百姓就会为逃税而杀掉家畜；如果我们对树木征税，老百姓就会砍掉树木。《管子》进一步说：民众的心思是，政府给予他们，他们就高兴；政府收走一点，他们就愤怒，民情就是这样的。

那么，这税还要不要收呢？史书记载说：桓公即位十九年，放宽了关、市的征税，只取五十分之一的税收。征收农业赋税，用收获的粮食数量计算，按土地肥瘠分别征收。两年收税一次，丰年收十分之三，中年收十分之二，下等年成收十分之一，荒年不收，待年景饥荒情况缓解后再收。还有的地方概括说：齐国是田租百取五，市赋百取二，关赋百取一。但是我们知道，收这么低的税，国家是无法正常运作的。对此，管子当然也很清楚。

其二，低税产生危害。《管子》提出：轻赋税则国家仓库空虚，薄征收则兵器工具不足。兵器工具不足，则不能生产皮帛，也就不能出口赚钱；国家仓库空虚，则战士身份低贱、经常缺饷，也就不能保证充足的兵员。也就是说，国家将丧失最基本的社会组织能力，更谈不上基础设施建设了。

那么，国家该怎么办？鹅毛必须拔，问题是怎样才能让鹅不叫唤？其奥秘是，管仲创造性地改人头税为商业税。《管子》提出：人头税，是强制征收的，过于明显，容易遭到民众抵触；商业税，是经过谋划征收的，化于无形，民众很难引起警觉。成就王霸之业的君主，总是避免强制性的人头税，实施精心谋划的商业税。这样，天下就乐于服从了。

具体做法如下：

1. 商税一：专营暴利

管仲明确提出，重要资源必须由国家控制。其中之一就是食盐。《管子》说：假使国君下令说，我将要对大人小孩征收人头税，那一定会引发民众的抗议浪潮。现在专营盐价，即使君主收取百倍利税，人们也无所逃避。这才是收税的好方法。所以管仲之后，盐业国有就成为中国历代传统了。

《管子》还注意到，国企往往效率低下，于是创造性地提出：国有、民营，类似今天的联产承包责任制。《管子》说：现在如果组织囚犯从事盐业劳动，囚犯就会逃亡；征集百姓去做，百姓就会怨愤，而一旦外敌入侵，百姓就因积怨而不战斗，那就得不偿失了……所以最好的办法不如承包给百姓，称量他们的产出，三七分成。百姓即使拿走三分也不要紧，国家可以在收购环节压低价格，在销售环节提高价格，所以利润主要还是国家的。但如果这样做，百姓就会勤奋工作，成为国家操纵下的经济工具。

《管子》提出："利出一孔者，其国无敌"；"先王知其然，故塞民之羡，隘其利途，故予之在君，夺之在君，贫之在君，富之在君。故民之戴上如日月，亲君若父母"。也就是说，国家控制资源，可以造成民众的经济依附。在这点上，管仲与商鞅的看法是一致的，东方和西方的某些做法直到今天也是一致的。

2. 商税二：各种涨价

《管子》提出，通过涨价，吸取民间富余财富，可以增强国力。方法之一，就是通过临时重税抬高原材料的价格，之后价格会转移到政府部门囤积的商品上，这样政府就可以通过售卖商品获取高额利润。他举例说，如果国库存有大量布匹需要出售，而市场价格又不是很高，如果出售这些布匹国家显然会吃亏。这时，税务部门曲线救国，对织布原料，比如麻，征收临时性重税，使麻的价格短期暴涨十倍；这样一来，布匹价格很快水涨船高。国家就可以乘机卖出高价布匹，其效果类似收税。

所以，涨价就是收税。但需要把握好涨价的范畴、掌控涨价的节奏，不能盲目涨价。比如，你不能让粮食疯狂涨价。"民以食为天"，粮食是人民的生活必需品，是国家的战略物资。一旦缺粮，则社会大乱。这一点，去翻翻史书就会明白，饥荒有多可怕。

四、怎样缩小贫富差距

2016年11月8日晚，印度总理莫迪在电视讲话中突然宣布：500卢比、1 000卢比两款大额钞票，一过午夜即刻作废，立即执行！这种野蛮做法震惊了全世界。这样做的好处当然很明显，印度人民一下子处在同一起跑线上，一夜之间实现了共同贫困。不过大家放心，这种魔幻现实主义的粗暴做法，我们绝对不会使用。

《管子》提出，解决贫富差距的基本法则是收入均衡：总是注意让农、士、商、工即使互换行业，年收入也不会互相超越。但总有些人，凭借特殊条件，比如特殊便利、特殊地位、杰出智商、信息便利等，成为少有的富人。对这些人，管仲通过高消费，解决他们的浮财。所谓夺余满，补不足，使政令得以贯彻，民用得以满足。

《管子》明确提出，首先要尊重市场规律。市场，是一种鼓舞；鼓舞，是为了发展。但仅仅依靠市场是不够的，还需要国家调控，以解决局部失衡：农业完善，工商业就会得到发展；但不进行侈靡消费，农业就不能稳固。这是因为工商业获得的机会多，更容易赚到快钱。这时，就需要鼓励奢侈消费，让富人"减肥"。

鼓励奢侈消费的途径有二：

第一，生，奢侈。《管子》说，饮食、侈乐是民众的愿望，满足他们的欲求，顺着他们的愿望，就可以驱使他们。所以，要提倡富人吃最好的饮食，听最好的音乐，把蛋雕画了然后煮给他们吃，把木柴雕刻了然后卖给他们去焚烧。试想，如果富人都能这样奢侈，那么采购者、乐师、厨师、雕刻工匠、养殖者、樵夫、农民都会跟着有饭吃。《管子》进一步分析说：富人奢侈消费，能够带动穷人实现充分就业；民众有工作做，百业兴旺，生活幸福，就能人人有饭吃。

第二，死，奢侈。《管子》说，如果富人家里有人去世，要鼓励富人挖掘巨大的墓室，使穷人有工作做；装饰堂皇的墓地，使雕画工匠有工作做；制造巨大的棺椁，使木工致富；多用随葬的衣被，使女工赚钱。这还不够，还有各种祭奠包袱、各种仪仗与各种殉葬物品，殡葬业就会壮大起来。用这些办法，使得富人有面子，穷人能生活，无论贫富都会感到高兴。

管仲通过操控，使齐国社会形成富人奢侈返贫、穷人勤劳致富的良性循环。管仲的操纵与投机的做法当然是有缺陷的，他的均贫富的做法还是局限在金融领域，并没有创造新的社会财富，因而难以实现共同富裕。前不久，习近平总书记提出，让劳动光荣、创造伟大成为铿锵的时代强音。

五、怎样发挥商战的威力

20 世纪 80 年代，美国总统里根提出"星球大战"计划，诱导苏联狂热发展军事工业，同时又压低油价，最终苏联经济崩溃，国家解体。为了应对"星球大战"计划，苏联狂热地生产枪炮，但当时二战刚过，人心厌战，枪炮卖不了钱；而苏联最大的出口创汇资源就是石油，油价又低得要命，国民经济很快入不敷出，于是社会崩溃，国家解体。苏联没有倒在二战的血泊中，却倒在经济失衡的陷阱里。里根总统让世人见识到，这就是威力远远超过世界大战的经济战。

其实，类似做法，管仲早就多次实施了。只不过时间久远，我们大家了解得不够。传统若没有得到很好继承，就会出现文化断裂。因此继承传统是每一个人与生俱来的责任。现在我们看看两千多年前的《管子》里的经济战。

《管子》记载了多个著名的商战实例。

鲁、梁两国民众喜欢穿一种粗厚光滑的丝织品——绨，这是鲁、梁两国的特产。管仲授意齐桓公穿绨，并命令朝廷中人都要穿上绨。这个风尚立即吸引民众效仿，齐国民众纷纷跟着穿绨。齐桓公随后下令，齐国境内不准织绨，只能到鲁、梁两国购买。因为利润很高，鲁、梁两国就毁坏庄稼，栽种桑树，养蚕缫丝，全国人民全心全意去织绨。然后，齐桓公突然脱掉绨，并下令齐国境内不准穿绨，也不准买卖绨。鲁、梁两国的绨大量积压，毁掉桑树改种粮食又来不及，民众挨饿，于是纷纷逃亡到齐国。鲁、梁两国的国力一下子就衰落了。

类似的例子不止一个。莱、莒两国出产一种紫草，管仲故意提高紫草价格，并大肆收购。莱、莒两国民众一看可以赚这么多钱，“释其农耕”，全部种紫草。有一天，齐国突然不要紫草了。你说这两国的民众怎么办？那么多紫草没人要，改种庄稼也来不及。于是，同样一幕出现：民众受饥饿威胁，纷纷逃亡到齐国，莱、莒两国经济很快便崩溃了。

六、消费心理与物资本位

先讲一个营销故事：男士求婚经常需要借助钻石帮忙，这些钻石大多来自戴比尔斯集团。该集团成立之初，就一次性收购南非钻石矿，然后控制产量，制造紧缺，刺激消费心理，保证卖出高价。20世纪70年代，苏联发现了“珀匹盖陨石坑”，坑内钻石储量能满足全世界钻石市场3 000年的需求。也就是说，平均每人都能分好几颗钻石。钻石价格面临崩盘。面对这一严峻形势，戴比尔斯集团立即与苏联组成价格联盟，控制产量，双方一起卖高价。但是仅仅卖高价是不够的。试想，客户买了钻石，求婚成功，甚至结婚了，钻石就成为多余了，他就会想着卖出去。那么，钻石市场也会供过于求，价格也会崩盘。戴比尔斯集团创造性地发明了一句口号：A DIAMOND IS FOREVER（钻石恒久远，一颗永流传）。如此一来，钻石就成为爱情象征，不能卖，只能买，而且必须买。通过制造紧缺、刺激虚荣，让钻石永远不够卖，戴比尔斯集团成功实现稳定赚钱。

戴比尔斯集团的做法也不是世界首创，管仲做得更好。《管子》记载，齐桓公问管仲："周天子缺钱，号召天下诸侯给他贡献点钱，可没人理睬，有没有办法帮周天子筹集一笔钱？"管仲回答："江淮之间有一种茅草非常独特，三脊贯通，名叫菁茅。您跟周天子讲，叫他派人把长这茅草的地盘先圈封好。周天子然后提出要到泰山、梁父去封禅。让他号令天下诸侯：'想跟从天子到泰山、梁父去封禅的，必须抱菁茅一束，没有菁茅就别来了。'"诸侯跟随天子封禅在政治上很风光，于是诸侯纷纷去买圈禁的菁茅。周天子将其价格涨到一束百金，于是大赚一笔。

戴比尔斯集团卖的是钻石，管仲卖的可是草啊，这草竟然炒到钻石价。这 2 600 多年前的经济思维，实在令人震撼。他们的做法都是抓住消费者心理，刺激虚荣、制造紧缺，然后卖高价。

那么，炒高物价有没有天花板呢？物价到底应该多高才好呢？物资与货币之间又是什么关系呢？

《管子》认为，货币，是表示物价的；物价是依据人们对该物的重视程度而定的。请注意，《管子》已经涉及一个非常深刻的命题：我们的财富是被定义的。比如，你很富有，怎么证明？在商代，你拿出一堆贝壳；在汉武帝时代，你拿出几张白鹿皮；在朱元璋时代，你拿出几张大明宝钞。今天，钱也是被定义的，定义的目的是方便衡量物资。习近平总书记提醒我们，金融工作要"回归本源"，可谓对翻炒热钱的经济活动的拨乱反正。

《管子》认为：把物资囤积起来则价格上涨，发售出去则价格下降，放散于民间则显得充足。钱币贵重则人们拼命赚钱，钱币贬值则人们弃而不用。所以，总是要把钱、物的贵贱幅度调整到合理程度才行。这就是说，物价与币值是跷跷板的关系，但归根到底要立足于物资。今天，各国经济与世界相连，国家金融操控还存在着麻省理工克鲁格曼所说的"不可能三角"，即，资本自由流动、货币完全独立、汇率稳定这三项目标中，一国政府最多只能同时实现两项。所以，如果肆意突破物价与币值的合理程度，忘记物资本位，就会出现委内瑞拉场景。

管仲提出的经济思想，包括民为邦本、控制资源、以税代征、平衡贫富、引导投机、紧缺消费。这些最基本的经济思想，直到今天都在普遍运用。管仲的某些经济思想，可能更符合我们的国情。当住房价格被炒成巨大泡沫，当贫富差距变得如此巨大，我们应该放下手中的西方经济学教科书，去看看《管子》。传统文化中有如此优秀的经济思想,一点都不比西方经济学差,值得我们骄傲。

对于西方模式,中国经济学界已经有所警觉。2016 年 10 月 6 日,《经济学人》刊文《西方误导中国发展的五个重大陷阱》,提出:“西方国家长期不遗余力地炒作中国经济增长模式、产业结构、人民币汇率等问题,诱导中国偏重服务业和消费、减少投资,诱使中国放弃行之有效的发展道路,破坏中国的发展,以维持自身在国际体系中的主导地位。”我们既不能抱残守缺,也不应全盘西化,而应该汲取传统智慧,开创我们的伟大时代。

最后,我想用习近平总书记的一句话作为结尾,与大家共勉:

“一个不记得来路的民族,是没有出路的民族。”

第三章　儒道佛哪家强

以儒道佛为主体的中华文化源远流长，光辉灿烂，有很强的生命力。相对于西方文化，中华文化有显明的特色、长处。儒道佛三家（道家与道教有联系也有差异，本文将它们视为一个整体）鼎足而立，都有其深刻和独特的理论。把握中华传统文化的特点，了解儒道佛的精髓，对于我们坚定文化自信，实现中华文化的伟大复兴，具有重要意义。

问题

1. 佛教和道教的发源有何异同？
2. 道家的主要思想是什么？
3. 佛教对于当代人有何积极意义？
4. 儒释道从古至今是如何合流的？

一、成佛还是成仙？从佛道同堂看中华文化的特色

所谓特色，是指某事物相对于同类事物所表现出来的独特色彩、风格。中华文化在很多方面均有自己的特色，这里主要相对于西方文化（目前在世界上处于强势地位）谈谈其中相互联系的两个方面。

1. 和而不同

网上曾流传着一张图，是网友于 2015 年在山西省偏关县阳坡店村观音庙拍的照片。该庙名为观音庙，供奉的主要神灵自然是观音菩萨。然而，有意思的是，该庙同时还供奉着孔子、关帝、寿星、司命府君、地府鬼怪等。观音菩萨是佛教的（也有人说她就是道教的慈航真人），孔子（儒家的创始人）、关帝是历史人物，而寿星、司命府君（即灶王爷、司过之神）、地府鬼怪是道教的。儒道佛三教①的重要代表，就这样共

① 有人认为儒家与道教佛教一样，也是宗教；有人认为儒家不是宗教，儒教的“教”是教化的意思。

处于同一个屋檐下。

这种情形并非特例，但更常见的是佛道同堂现象，如湖南益阳的九宫十八庙、长沙的火宫殿、福建三明的瑞云洞等。

在西方人看来，这是难以理解的事情。他们可能会问：佛教的追求是成佛，道教的追求是成仙，既拜佛又求仙，到底是信佛教还是信道教？是想成佛还是成仙？

实际上，中国人求神拜佛，大都既没想成佛也没想成仙，只是想生活得更好一些。他们觉得仙和佛可以相安无事，和尚与道士也可以成为朋友。

一些文学作品中的相关故事，反映了人们心中佛教与道教的关系：

《红楼梦》中有两个重要人物：癞头和尚和跛足道人。他们有时单独出现，有时结伴而行，就像一对好友。

《水浒传》写了108条好汉。其中，公孙胜是道士，鲁智深是和尚，武松是行者。他们一起替天行道，并肩作战。

《西游记》是宗教题材的作品，描写了一个庞大而复杂的仙佛世界。其中，佛教系统有佛老、菩萨、金刚、罗汉、揭谛等；道教系统除玉帝外，还有三清、四御、五老、六司、七元、八极、九曜、十都等。仙与佛并非井水不犯河水，佛老是“五老”之一，王母开蟠桃会邀请了佛老。孙悟空大闹天宫，玉帝最终请佛老来降服猴王。

即使在同一个人的精神世界中，儒道佛三教的思想往往也交织在一起。

苏轼是北宋文化名人，在很多领域有杰出成就，自古至今拥有大量“粉丝”。他早年科举及第，曾在杭州、黄州、惠州、儋州等地任职，经历坎坷而颇有政绩，走的是比较典型的儒家道路。同时，他对道教、佛教也很有兴趣。苏轼号东坡居士，又号铁冠道人、海上道人。他自小受道教的启蒙教育，一生对道教情有独钟，常穿道袍，游访道士。苏轼与佛教中人也有交往，佛印禅师是他的好友，他俩的逸闻趣事广为流传。

南宋学者朱熹、陆九渊都是儒家的重要人物。他们生活在同一时代，一个倡导理学，一个倡导心学。但他们的思想也受到道教、佛教的影响，后人说“朱子道，陆子禅”，就是指朱熹的儒学接近于道教，而陆九渊的儒学接近于禅宗。

2. 包容并蓄

儒道佛三家的思想体系不同，在漫长的发展过程中交流互动，取长补短，逐渐走向融合，也就是所谓的“三教合一”。

明代儒学代表人物王阳明说：“即吾尽性至命中完养此身谓之仙，即吾尽性至命中不染世累谓之佛;而后世儒者不见圣学之全,故与二氏成二见耳。譬之厅堂三间,共为一厅。儒者不知皆吾所用,见佛氏则割左边一间与之,见老氏则割右边一间与之,而已则自处中间,皆举一而废百也。”①“尽性至命”是儒家的观念,在尽性至命过程中“完养此身”的方面就是道教思想,在尽性至命过程中“不染世累”的方面就是佛教思想。也就是说,道教和佛教均是儒学的一部分。用“厅堂三间”来打比方,有人以为儒道佛各占一间,王阳明则认为三间都是儒家的。

道教全真派创始人王重阳在三教关系上也持开放宽容的态度,其修行思想以道教为主,同时容纳儒、佛两教。他写过一首七律《孙公问三教》:“儒门释户道相通,三教从来一祖风。悟彻便令知出入,晓明应许觉宽洪。精神炁候谁能比,日月星辰自可同。达理识文清净得,晴空上面观虚空。”②诗的前两句说,三教关系密切,儒教是门,佛教是窗,而一体贯通的则是道教。

嵩山少林寺钟鼓楼前,有一块“混元三教九流图赞碑”。碑上有一幅奇特的图:从整体上看是一位和尚,代表佛教;如果只看左侧,是头戴方巾的儒者,代表儒教;如果只看右侧,是头后挽个发髻的道士,代表道教。碑上还有“佛教见性、道教保命、儒教明伦”“三教一体、九流一源”等赞语。

少林寺“三教一体”图

在历史上,儒道佛三教之间也发生过矛盾、斗争。比较突出的例子是佛教史上的三次“法难”。第一次发生在公元446年,北魏太武帝拓跋焘下令灭佛,时间长达六年之久。第二次发生在公元574年,北周武帝宇文邕下诏灭佛,时间长达五年之久。第三次发生在公元845年,唐武宗李炎下诏灭佛,一年后宣宗即位,恢复佛教。这三个皇帝的谥号或庙号中都有个“武”字,故称“三武法难”。这些皇帝灭佛的原因是什么呢?唐武宗在废佛敕里说:“洎于九州山原,两京城阙,僧徒日广,佛寺日增,劳人力于土木之功,夺人利于金宝之饰,移君亲于师资之际,违配偶于戒律之间,……今天下僧尼不可胜数,皆待农而食,待蚕而衣。寺宇招

---

① 《王文成全书·年谱三》。
② 《重阳全真集》卷一,见《道藏》第25册。

提，莫知纪极，皆云架藻饰，僭拟宫居。晋、宋、齐、梁，物力凋敝，风俗浇诈，莫不由是而致也。”[①]可见，灭佛的主要原因是当时佛教的过度发展，减损了政府的财力、人力，危及社会秩序，不利于封建统治。由于三教之间存在竞争关系，儒教、道教在灭佛过程中也起过一些作用，但不是主要的因素。儒道佛三教的关系总体上是比较和谐的。

与此形成对照的是，在西方文化中，宗教的影响极大，且排他性很强。苏格拉底被处死，最主要的罪名就是：藐视传统宗教、引进新神。基督教也排斥别的宗教。《旧约·出埃及记》载“摩西十诫”第一条：“我是耶和华——你的神，曾将你从埃及地为奴之家领出来，除了我之外，你不可有别的神。”在西方国家的历史上，还发生过多起由宗教原因引发的战争。如著名的十字军东征，从1096年持续到1291年，长达两个世纪，成千上万的人在战争中死亡。十字军东征是在罗马天主教教皇准许下进行的有名的宗教性军事行动，是由西欧的封建领主和骑士对地中海东岸国家发动的所谓“正义”战争。当时原属于罗马天主教圣地的耶路撒冷落入伊斯兰教手中，罗马天主教为了“收复失地”，先后进行了8次东征。实际上，东征不限于针对伊斯兰教，如第四次十字军东征就是针对信奉东正教的拜占庭帝国。

二、入世还是出世？从奇人李贽看儒道佛的精髓

李贽，字宏甫，号卓吾，别号温陵居士、百泉居士等，明代思想家、文学家。嘉靖三十一年中举，曾任共城教谕、国子监博士等职，后为云南姚安知府，实行无为而治。不久弃官，寄寓湖北黄安（今红安）、麻城芝佛院。在麻城讲学时，从者数千人，其中有不少妇女。晚年被诬下狱，自刎死于狱中。其著作有《藏书》《续藏书》《焚书》《续焚书》等。李贽思想超前，反对歧视妇女、重农抑商，“以孔子之是非为是非”，肯定私欲，提出“童心说”，强调童心即真心，赞秦始皇为千古一帝，武则天是圣后。李贽对儒道佛三家的思想均有所研究，并且身体力行，但并不皈依一家（他晚年落发为僧，但未必真心信佛[②]），而儒道佛三家的精髓，都在李贽身上打上了深刻烙印。

---

① 《旧唐书》卷十八《武宗本纪》。

② 李贽曾明确表示：“其所以落发者，则因家中闲杂人等时时望我归去，又时时不远千里来迫我，以俗事强我，故我剃发以示不归，俗事亦决然不肯与理也。又此间无见识人多以异端目我，故我遂为异端以成彼竖子之名。兼此数者，陡然去发，非其心也。”（《焚书》卷二《与曾继泉》）

儒家崇有

儒家崇有，是指儒家对现实（世俗）生活持肯定的态度，认为世界是实有的，生活是有意义的，每个人都要好好“做”人，让人生变得尽可能完善。

儒家给出了做人的具体途径，就是《大学》的八条目：格物、致知、诚意、正心、修身、齐家、治国、平天下。这是一种整体主义的思路，个人的价值在齐家、治国、平天下的过程中得到体现。

《大学》指出：“自天子以至于庶人，一是皆以修身为本。”就是说，自上而下的所有人，包括庶人在内，都要进行修身（其中贵族是关键少数，因为“君子之德风，小人之德草，草上之风必偃”[①]）。强调“修身为本”，体现了儒家泛道德主义的特点，同时表明在八条目中格物、致知、诚意、正心都是修身的前奏、手段，而齐家、治国、平天下则是修身的效用。

修身的根据是性善论。儒家亚圣孟子主要从三方面对性善论进行了论证：

其一，幼童也知爱亲敬兄。孟子指出：“孩提之童，无不知爱其亲也；及其长也，无不知敬其兄也。”[②]爱亲为仁，敬兄为义。幼童从小就拥有这些美德，说明这些美德是“不学而能”“不虑而知”的，是天生的，孟子称之为“良能”“良知”。

其二，人们都有同情心。孟子说：“今人乍见孺子将入于井，皆有怵惕恻隐之心。非所以内交于孺子之父母也，非所以要誉于乡党朋友也，非恶其声而然也。由是观之，无恻隐之心，非人也；无羞恶之心，非人也；无辞让之心，非人也；无是非之心，非人也。恻隐之心，仁之端也；羞恶之心，义之端也；辞让之心，礼之端也；是非之心，智之端也。人之有是四端也，犹其有四体也。”[③]无论何人见到孩子将要掉入井中，都会即刻警觉起来，想去救孩子。究其原因，并不是想借此结交孩子的父母，或在乡党朋友中获取声誉，也不是怕担见死不救的骂名，而是出于恻隐之心（即同情心）。由此看来，人皆有恻隐之心、羞恶之心、辞让之心、是非之心，而它们即仁、义、礼、智的萌芽。在人们心中，天生就有这些美德的萌芽，就像他们天生就有四肢一样。

其三，人们都喜爱义理。孟子说：“口之于味有同耆也。易牙，先得我口之所耆者也。如使口之于味也，其性与人殊，若犬马之与我不同类也，则天下何耆皆从易牙之于味也？至于味，天下期于易牙，是天下之口相似也。惟耳亦然，至于声，天下期于师旷，是天下之耳相似也。惟目亦然，至于子都，天下莫不知其姣也。不知子都之姣者，无目

---

① 《论语·颜渊》。
② 《孟子·尽心上》。
③ 《孟子·公孙丑上》。

者也。故曰,口之于味也,有同耆焉;耳之于声也,有同听焉;目之于色也,有同美焉。至于心,独无所同然乎?心之所同然者,何也?谓理也,义也。圣人,先得我心之所同然耳。故理义之悦我心,犹刍豢之悦我口。”[①]人们的口味相同,都喜欢易牙(齐桓公的厨师)制作的美味。人们的耳朵、眼睛也相同,都喜欢听师旷(著名乐师)的音乐,欣赏子都(有名的美人)的美色。同样的道理,人们的心也是相同的,都赞成圣人的理义。理义能满足人们的心灵需求,犹如美味佳肴能满足他们的口腹之欲一样。

孟子的第一个论证容易招来反驳,因为幼童不懂事,生气时可能会打骂父母兄长,表现出不仁不义的一面。而后两个论证则很形象、生动,有力地证明了人的道德属性。

王阳明在孟子性善论的基础上提出了“致良知说”,使儒家的道德哲学更臻完美。王阳明说:“良知之在人心,不但圣贤,虽常人亦无不如此”[②];“良知在人,随你如何不能泯灭,虽盗贼亦自知不当为盗,唤他做贼,他还忸怩”[③]。人人天生都有良知,而且无论如何都不会泯灭。所以,只要依照良知去做,就能成为完美的人。王阳明说:“尔那一点良知,是尔自家底准则。尔意念著处,他是便知是,非便知非,更瞒他一些不得。尔只不要欺他,实实落落依著他做去,善便存,恶便去,他这里何等稳当快乐;此便是‘格物’的真诀,‘致知’的实功。”[④]按良知去做,就是格物、致知,也就是“致良知”。致良知能使人感到“稳当快乐”,王阳明找到了修身的内在动力。

修身的目标,就是君君臣臣父父子子。也就是说,依据人们的社会关系,尽到自己应尽的义务和责任(在行动中要恪守中庸原则,做到无过无不及,亦即恰如其分)。如果所有人都能这样做,就都成了圣贤,社会就成了和谐的、理想的社会。

道家重无

道家重无,体现在多个方面:

其一,老子讲“有生于无”。《道德经》第四十章:“天下万物生于有,有生于无。”这是由现在向过去追溯,追溯到最初的源头,认为“无”是世界的本原,是最根本的。又,《道德经》第四十二章:“道生一,一生二,二生三,三生万物。”这是由过去说到现在,认为“道”是世界的本原。如果把第四十章与第四十二章统一起来看,那么,第四

---

① 《孟子·告子上》。
② 《王文成全书》卷二。
③ 《王文成全书》卷三。
④ 《王文成全书》卷三。

十章的“无”就相当于第四十二章的“道”，而“道”是道家的最高范畴。作为道的“无”，不是绝对的虚无，它是某种存在，只是没有任何属性、特征，故称为“无”。

其二，老子讲“无为”。老子的无为是一个复杂的范畴，有多种含义：首先，是主张顺其自然，不乱作为。这与“什么都不干”的懒汉思想完全不同。所以，《道德经》第三十七章说：“道常无为而无不为。”其次，是反对好大喜功、私心妄为。《道德经》第五十七章：“我无为而民自化，我好静而民自正，我无事而民自富，我无欲而民自朴。”这是劝告统治者注意休养生息，不要劳民伤财，老百姓就自然会发家致富，走上正路。再次，是强调稳定的重要性。《道德经》第六十章：“治大国如烹小鲜。”小鲜，指小鱼。烹制小鱼时不能翻来覆去地搅拌，否则，鱼全碎了，没法吃。治理国家与此类似，不能反复折腾。

其三，庄子讲“无是非”。《庄子·齐物论》：“民湿寝则腰疾偏死，鳅然乎哉？木处则惴栗恂惧，猿猴然乎哉？三者孰知正处？民食刍豢，麋鹿食荐，蝍蛆甘带，鸱鸦耆鼠，四者孰知正味？……毛嫱、丽姬，人之所美也；鱼见之深入，鸟见之高飞，麋鹿见之决骤。四者孰知天下之正色哉？”人睡在湿地上会腰疼偏瘫，泥鳅也会这样吗？人待在树上会战栗恐惧，猿猴也会这样吗？人、泥鳅与猿猴，谁知道应该住在哪里？人吃粮吃肉，麋鹿吃草，蜈蚣吃蛇，猫头鹰、乌鸦吃老鼠，四者谁懂得分辨美食？……毛嫱、丽姬，是人所公认的美女，但鱼儿见了她们就潜入深水，鸟儿见了她们就飞上高空，麋鹿见了她们就奔向远方，四者谁会欣赏美色？庄子用形象的比喻说明，人们的立场不同，情况各异，其观念也会大相径庭。不同派别“百家争鸣”，各是其所是，各非其所非，相互之间“自然而相非”，是没有意义的。《齐物论》还证明辩论不能确定是非：“既使我与若辩矣，若胜我，我不若胜，若果是也，我果非也邪？我胜若，若不吾胜，我果是也，而果非也邪？其或是也？其或非也邪？其俱是也？其俱非也邪？我与若不能相知也，则人固受其黮暗，吾谁使正之？使同乎若者正之，既与若同矣，恶能正之？使同乎我者正之，既同乎我矣，恶能正之？使异乎我与若者正之，既异乎我与若矣，恶能正之？使同乎我与若者正之，既同乎我与若矣，恶能正之？然则我与若与人俱不能相知也，而待彼也邪？”在辩论中获胜的，未必是真理；在辩论中失败的，未必是谬误。辩论双方及第三人均没有判定是非的资格。不仅如此，同一人的是非也可能会改变。《齐物论》载：“丽之姬，艾封人之子也。晋国之始得之也，涕泣沾襟。及其至于王所，与王同筐床、食刍豢，而后悔其泣也。”阅历和环境的改变可能使人的思想观念发生翻天覆地的变化。总之，庄子认为没有永恒的、绝对的是非。

其四，庄子讲“无束缚”。《逍遥游》指出，蜩与学鸠受活动范围的束缚；大鹏虽能高飞远徙，却受风的束缚。与此类似，有些人受知识、德行的束缚，有些人受外在毁誉的束缚，有些人受功名利禄的束缚，都是不自由的。“至人无己，神人无功，圣人无名”，[①]只有摆脱私利、功业、名声等的束缚，才能达到逍遥、自由的境界。自由的前提是健康，故道家注重养生。发展到道教，就有了得道成仙、长生不死的追求。

佛家尚空

佛家尚空，指佛教认为整个世界都是空虚的，故佛门也被称为“空门”，皈依佛教就是遁入空门。

佛教有一个重要观点：四大皆空。所谓“四大”，就是构成物质世界的地、水、火、风四大元素。在佛教看来，由“四大”构成的物质世界只是现象而已，甚至可能是假象，故不要执着。

《金刚经》末尾有四句偈：“一切有为法，如梦幻泡影。如露亦如电，应作如是观。”一切有为法，泛指一切有造作的因缘所生的事物。它们都像梦幻或泡影一样，是不真实的，像露或电一样，是转瞬即逝的。大乘佛教的重要典籍《般若波罗蜜多心经》中说：“色即是空，空即是色。”意思与此相近。色是指一切能见到或不能见到的事物现象，它们都是人们虚妄产生的幻觉。既然是幻觉，就不要在意，相关的烦恼也就消除了。

《坛经》中有一个著名的故事：禅宗五祖弘忍为选择继承人，让弟子们作偈。大弟子神秀作了一首：“身是菩提树，心如明镜台。时时勤拂拭，莫使惹尘埃。”大意为：弟子的身体就像菩提树（传说释迦牟尼是在菩提树下觉悟的），心灵就像明镜台；修行就是时时不断地反省，不要让心灵蒙上尘垢。弘忍见了，不满意。另一个不识字的弟子慧能，针对神秀的偈，请人代笔写了一首：“菩提本无树，明镜亦非台，本来无一物，何处惹尘埃。”最终，慧能凭此偈继承弘忍的衣钵，成了禅宗六祖。慧能的偈之所以得到弘忍的赏识，是因为它表达了“空”的道理：菩提树、明镜台都是幻象，不是真实的存在（“本来无一物”）。

佛教认为，懂得这个“空”的道理，是很重要的。在《西游记》中，菩提祖师给美猴王起名为“悟空”，后来唐三藏评论说：“正合我们的宗派。”[②]就表达了这样一个意思。

更进一步，不仅要懂得现象是“空”的，不要执着，方能免除烦恼、获得幸福，而且对于“空”的道理也不要执着，这就是“空空”的境界。

---

① 《庄子・逍遥游》。
② 《西游记》第 14 回。

现象虽然是幻觉，但其出现并非随意的、杂乱无章的。每一种现象的出现，都有其特定的条件，佛教称之为“缘起”，所谓“万法皆缘”是也。现象与现象之间，存在着因果报应的关系。

作为教师，我大部分时间站在儒家的立场，因为孔子是我们教师这个行当的祖师爷。我曾给自己的住所起名为“恒不偏堂”。恒，有常、庸、不易的意思；不偏，就是中、无过无不及。恒不偏，表示儒家中庸之道的意思。同时，它也可以表示我的名字：恒，永也；不偏，中也。

需要说明的是，我选择儒家的立场，不意味着我认为道家、佛家的立场是错误的。这是一个见仁见智的问题。曾国藩是儒家，孙思邈是道士，李叔同晚年皈依佛教（成了弘一法师），他们都是了不起的人。有人说，儒道佛各有其用，以儒治世，以道养生，以佛养心。我觉得概括得很好，值得点赞！

三、围棋还是国象？从“人机大战”看文化自信

2017 年 5 月，在中国乌镇围棋峰会上，人工智能“阿尔法围棋”（AlphaGo）以 3∶0 的比分完胜世界围棋第一人柯洁九段。这是人工智能发展史上里程碑式的事件，其影响远远超出了围棋界、体育界。许多人不由自主地想起 20 年前一个相似的事件：1997 年 5 月，超级电脑“深蓝”以 3.5∶2.5 的比分击败当时的国际象棋第一人、世界冠军卡斯帕罗夫。

在计算机技术日新月异、突飞猛进的时代，从打败国际象棋第一人到打败围棋第一人，电脑为什么需要整整20年的时间？专家们的解释是：围棋比国际象棋复杂得多，远远不是一个数量级的。

围棋是中国人发明的，国际象棋是西方人发明的。它们是相似度很高的两种游戏，但比较起来，中国人发明的游戏不仅历史更悠久，而且更深奥、更高明(越是易学难精的游戏，就越高明)。虽然我们不能由此断定中国文化高于西方文化，但至少可以说，在棋类游戏这个领域，中国文化不比西方文化差。我们要有这份自信！

平心而论，各种文化各有特点，在总体上没有高低之分。但是，我们可以就不同文化的某些相似的部分进行比较研究。需要注意的是，在比较时要有全面的眼光、正确的角度。

在世界历史上，中华文明是唯一延续不断的文明。4 000多年前，地球上有四大文明古国，中国是其中一个；2 000多年前，东西方各有一种文化交相辉映，西方的是以苏格拉底、柏拉图、亚里士多德为代表的古希腊文化，东方的是以孔孟、老庄为代表的先秦文化；1 000多年前，西方进入黑暗的中世纪，中华文明一枝独秀。只是在近代以后，由于闭关锁国，中国才落后了。现在，中华民族正在走向伟大复兴，我们对于源远流长的中华文化，应该有足够的自信。

在建党95周年庆祝大会的重要讲话中，习近平总书记指出："文化自信，是更基础、更广泛、更深厚的自信。"文化自信成为继道路自信、理论自信和制度自信之后，中国特色社会主义的"第四个自信"。我们应该给予充分的重视。

中华民族的伟大复兴必然包含中华文化的伟大复兴。中华文化如何复兴？根本的方略应该是：正确认识中华传统文化，把握其特点，在全球化的过程中处理好传统文化与外来文化的关系，既不妄自菲薄，也不盲目排外，坚持包容并蓄、取长补短的发展方针。这样，中华文化必将发扬光大。

第四章　如何看待汉学在未来的发展

2016年，澳大利亚前工党领袖鲍勃·卡尔访问上海，应邀到上海对外经贸大学给师生作讲座。在讲座中，他提到了中国文化的两种现象，令我至今记忆深刻：一是跟其他文明古国相比，中国文化是唯一一个没有断层的文化，因为汉字书写没有断过，它维系了中华文化传统，另一个是在中国的唐朝，已经出现了多元文化。

后来，我随领导到欧洲访问，领导问我，为什么跟中国面积相仿的欧洲会有那么多的语言差异，而中国没有。欧洲有华人领袖也问我，古代中国是否有类似于今天的普通话来规范人们的发音，便于人们交流。这些都是很有意思的问题，值得我们去思考。

问题

1. 中国文字有何特点？
2. 中国文字在中国文化的发展中扮演了什么角色？
3. "华夏"一词有何意义？
4. 如何看待"汉学"在未来的发展？

什么是语言？这是一个比较复杂的命题，可以追溯到远古。语言与其他符号之间是什么关系？语言符号是随意的还是有目的的？如此等等。作为一个古老的问题，语言的重要性在当今社会日益凸显，到了20世纪，人们对语言的关注和研究更是显得十分迫切，西方哲学家如海德格尔、维特根斯坦、戴维森、德里达以及各种解构主义者都将语言视作他们哲学反思的焦点。

语言是一种交流媒介。简单地说，语言就是承载着信息交换功能。它包含着面部表情、各种手势和姿势、口哨、手语、书写文字、数学符号、程序语言等。语言从表现形式上来说还可以表现为口头语言和书面语言。语言学家一直尝试区分二者，认为口头语言是主要的，书面语言是次要的，但是这种分野一直没有达成共识。这里有很多原因，其中历史文化如何传承应该是很重要的原因之一。按照英国著名社会人类学家和民族问题研究专家本尼迪克·安德森的说法，“印刷资本主义”的出现降低了拉丁文的作用，创造出一群单一语言的阅读大众，进而引发了一系列的民族运动，分化出许多独立的国家。[①] 而中国一直是一个相对统一的国家，书写文字的统一强化了中国语言的国家概念和交流沟通功能。隋代《切韵》的出现表明历史上的中国确实有统一语音系统的努力。春秋时期的“雅言”、汉代的“通语”、明清的“官话”等都具有近似于现代普通话的功能。虽然存在着各种方言，但是书写文字和标准化发音系统的建立大大促进了中华文化内部各种信息的交流，这就像英语，虽然有英式英语、澳式英语、美式英语等，但并不妨碍彼此之间的沟通和交流。

一、汉　字

我们先说汉字。在中国远古时代，族群之间的语言沟通也是比较困难的，所以就有了“舌人”（“舌人，能达异方之志，象胥之官也。”这也就是今天意义上的“翻译”）这一说法。中国的语言是跟文字的起源和发展密切相关的。按照裘锡圭先生的说法，汉字是自源文字。汉字是“在夏商之际（约在公元前 17 世纪前后）形成完整的文字体系的”[②]。从传说中的仓颉造字开始，中国的文字大致经历了甲骨文→金文→小篆→隶书→楷书→行书这一衍变。秦王朝统一六国，并且确立了统一的文字书写形式，促进了中华文化的绵延和对外影响。可惜秦朝延续时间很短。接替秦朝的汉朝继承了秦王朝的许多优秀传统，并且加以发扬光大，创造了光辉灿烂的汉文化。汉字、汉族、汉思想等都跟汉朝紧密联系在一起。

郝大维和安乐哲的《汉哲学思维的文化探源》对此有深刻的分析。虽然中国民族众多，方言变化多端，这点跟欧洲的罗曼语系似乎有点相似，但是书写文字的统一还是给中华文化的发展带来了历史性的意义。英国著名玄学诗人邓恩在《别离辞·莫伤悲》中借助著名的“圆规意象”，来比喻两个恋人之间的别离。无论恋人要走多远、分离多久，这圆规的脚就是定海神针，能把他们紧紧地牵连在一起。我在想汉字也具有这种功能，无论你走到哪儿，汉字都能将你带回到中华文化圈之中。汉字的影响力已经超越中国本土，辐射到了周边国家，形成了日本学者内藤湖南和法国学

---

① ［美］本尼迪克·安德森著，吴叡人译：《想象的共同体：民族主义的起源与散布》［M］，上海：上海人民出版社，2003 年版。

② 裘锡圭：《文字学概要》［M］，北京：商务印书馆，1988 年版，第 27 页。

者汪德迈(Leon Vandermeersch)提出的"汉字文化圈"的概念。

汪德迈认为，汉字文化圈不同于信奉印度教、伊斯兰教的各国，内聚力来自宗教的力量；它又不同于拉丁语系或盎格鲁-撒克逊语系各国，由共同的母语派生出各国的民族语言，这一区域的共同文化根基源自萌生于中国而通用于四邻的汉字。[①] 汉字的书写功能和表意功能，犹如中国龙的传说一样，形成了汉文化的向心力和离心力双重作用。在远古，埃及人的象形文字、苏美尔人的楔形文字，还有腓尼基文字等都已失传断代，只有汉字具有很强的生命力，不仅生存了下来，而且还能维系中华文化传统，进而影响世界。与拼音文字相比，表意文字有很深的内涵和哲学思想。比如"聽"，运用耳朵倾听别人讲话就是一种美德，我在跟西方学者谈《西方文明的冲突》时，解释了汉字"听"的表意和哲学内涵，结果他们非常赏识，认为文明的冲突就是没有把倾听别人讲话当回事。

英国人韦伯(John Weber)1669 年甚至提出《有关中华帝国的语言可能是人类最早语言》，认为汉语是人类的原始语言，是《圣经》所说的巴别塔(Tower of Babel)之前的语言。[②] 虽然这一说法荒诞不经，但是人类渴望沟通顺畅的愿望从来没有消除。汉字所形成的汉文化凝聚力以及对中华文化的整体影响是相当巨大的。美国诗人庞德(Ezra Pound)从阅读和编辑美国著名汉学家费诺罗萨(Ernest Fennolosa)的文章《作为诗歌手段的中国文字》着手，认真学习并且深刻体会到了汉字具象和抽象方面的独特功能，将汉字的深刻哲理和析字功能运用到诗歌创作之中，开创了美国现代派诗歌。

郝大维和安乐哲在谈及"汉"字的历史意义时说道，"汉"这个字具有以下几个特点：1. "汉"产生于特定的历史时期，而不是产生于传说，它具有可加确认的文化特征；2. 这个词是一个民族和语言的统一性的象征，可用于多达 90%的中国人；3. 从最值得尊敬的意义上来说，汉人传统四智识传统，是圣贤传统，因而具有文化精英主义的特点。4. 精通经书可以是一个人有资格成为汉文化的传播者；5. 汉文化是疏松的，有一定的灵活性；6. 汉人是一个排他性的大家庭，其成员对外人的反应带有不同程度的猜疑和不放心。[③] 汉文化的这种智识传统和灵活性很好地把中华文化融合了起来，形成了费孝通先生所说的美美与共的境界。

---

① ［法］汪德迈著，陈彦译：《新汉文化圈》[M]，南昌：江西人民出版社，1993 年版，第 1 页。

② 见 Adrian Hsia (ed.), *The Vision of China in the English Literature of the Seventeenth and Eighteenth Centuries*, Hong Kong: Chinese University Press, 1998。陈受颐先生对此有详细论述。

③ ［美］郝大维、安乐哲著，施忠连译：《汉哲学思维的文化探源》[M]，南京：江苏人民出版社，1999 年版，第 14 页。

二、汉学还是中国学

汉学在名词上有三种意义：

第一种是与“蕃学”相对，中国少数民族对中原或汉族地区文化学术的称呼，如西夏所称“汉学”。

第二种是指中国儒学思想史上与“宋学”相对的、反对空谈性命义理、讲究以汉儒之学说经治书的“汉学”。前两者都是中国本土原初意义的汉学。

第三种意义上的汉学，即英文(Sinology)或法文(Sinologie)的译名，是现在影响最大，也是争议最多的学问。由于Sinology最初研究的大多是汉语、汉文典籍和汉族文化，尤其是经、史、子、集，所以最初在翻译Sinology的时候习惯性地翻译成了汉学，但是近来也有学者在重新思考这个问题，尤其是西方现在的研究大多叫China Studies或Chinese Studies，因此认为海外的研究应该称之为“中国学”。近年来对于中国作为国家民族概念的思考日益增加，葛兆光先生先后写了《宅兹中国：重建有关“中国”的历史论述》(北京：中华书局，2011)、《何为中国？——疆域、民族、文化与历史》(香港：牛津大学出版社，2014)、《历史中国的内与外》(香港：香港中文大学出版社，2017)，将中国问题放到全球语境，系统地阐述中国的国家和民族概念。这正应对了郝大维和安乐哲所说的，“‘中国’这个词对于中国的自我认识非常重要……‘中国’这个词可以追溯到先秦时代，那时它指称中原许多争霸的国家。也就是说，这个词的最早用法就是指多元性和多样性，这就是中国。……它具有向心力，跨越时间和距离，由重叠的文化中心吸引聚合在一起。它的叙述(story)保存于其制造物，传统和全部文献之中，并经过漫长的时间积累起来，正是这种永不结束的叙述给我们提供了龙的传人的最早形象”[①]。在中国的历史长河中，中国与周边永远是你来我往的关系。这种离心和向心的力量构成了中华文化的精髓。

美国思想家爱德华·萨义德曾经用对位和交响乐的概念来阐释不同文化之间的相互依赖关系，法国思想家德勒兹在讨论卡夫卡的时候也同样运用了大调和小调的音乐概念来比喻文化交往中的融合关系。

在中国的历史长河中，汉族文化和周边文化一直是彼此交往的过程，并不存在一个一成不变的整体文化。从大的框架来说，夏商周确立了华夏文化的基础，秦汉、

① [美]郝大维、安乐哲著，施忠连译：《汉哲学思维的文化探源》[M]，南京：江苏人民出版社，1999年版，第11页。

三国确立了汉族文化的统治地位，晋朝、南北朝、隋唐则体现了汉族文化和周边文化的交融，宋朝恢复了汉人的统治地位，元朝则是异族统治，明朝恢复了汉人的地位，而清朝则又由异族统治，中国的朝代史连起来看就如同对位阅读一样，你中有我，我中有你，但跟欧洲很多民族不同的是，汉族领土被征服后，汉族的文化依然占据着主导地位，也就是说，从文化的意义上来说，征服者被被征服者所征服。

这也就是葛兆光先生提及的，“所谓夏就是雅，华夏就是古代中国人相信比较文明的地方，就是天下”[①]。文明与文雅犹如磁石，吸引着征服者的注意。比如，北魏孝文帝拓跋宏亲政后迁都洛阳，改鲜卑姓氏为汉姓，鼓励鲜卑和汉族通婚，参照南朝典章制度，制定官制朝仪。孝文帝的改革，对各族人民的融合和各族的发展，起了积极作用。

三、中国学还是华学

2001 年 9 月我在墨尔本访学时，汉学家费约翰(John Fitzgerald) 一家邀请我们去看澳式足球，由于离开赛还有一个多小时，费约翰怕我们无聊，就提议我们去墨尔本大学附近的墓地看看。我印象比较深刻的是这个墓地体现了澳大利亚的多元文化现象，各国移民所建造的墓地体现了不同的文化。在华人墓地，我们看到了一个蜡烛台还在燃烧，就去转了转，结果无意中发现了几枚硬币，吸引了我们的注意。硬币上面刻有“中华国”字样，我们都觉得很好奇，因为从来没有听说过这个国家。费约翰是研究民国史的专家，他也感到好奇，据他推测，很有可能是太平天国失败后，起义者流亡到澳大利亚，因为太平天国的口号是反清复明，推翻满族的统治，建立一个以汉文化为主的国家，但是起义失败，梦想破灭，所以流亡到了澳洲，但是他们心中的根还在，明朝恢复不了，那会儿还没有现代民族国家的概念，没有一个统一的国名，所以流亡在澳洲的这些人就取了这么一个名字。虽然无定论，但是这推测本身倒是符合汉文化向心力的特征。也间接说明了在历史的长河中，中华的“华”在海内外华人中的认同感。“中华国”硬币给我的印象真的是十分深刻，但是很可惜，当时没有带照相机，没有把那些硬币拍摄下来。

随着中国综合国力的强盛和中华文化的影响力日渐加大，海外研究中国的热情递增。但是一个英文 Chinese 却也引发了无数争议。Chinese 如何翻译，是中国人？

---

① 葛兆光：《何为中国？——疆域、民族、文化与历史》[M]，牛津大学出版社，2014 年版，第 38 页。

华人？华裔？华侨？如何重构中国，抑或解构中国？例如澳大利亚华裔文化学者洪美恩就讲过这样一个故事。她在欧洲时，许多人问她：

“你从哪里来？”

“荷兰。”

“喔，不。你真的从什么地方来？”

于是她就形成了她自己的标准答案：

“我在印尼出身，但我的祖先是从中国来的。”①

美国华裔学者周蕾（Rey Chow）把中国或中国性（Chineseness）作为一个理论问题来探讨。在理论上解构中国或“中国性”的趋向。②

另一方面，维护中华文化形象的人士也大有人在，比较有代表性的是哈佛大学教授、新儒家代表人物杜维明。1991年，杜维明教授在美国人文学会学刊*Daedalus*上发表论文《文化中国：边缘中心论》（*Cultural China: The Periphery as the Center*），提出《文化中国》的概念，并就此命题作系统性的详尽阐释。在这里，杜维明想抛开政治的角度，从文化的立场来阐释中国文化。

1993年，新加坡学者王赓武教授提出了“大中华圈”（Great China），将中国大陆、台湾、港澳与东南亚视为在同一个中华文化圈中。2013年5月，杜维明在哈佛大学燕京学社，再度发表演说，以《文化中国再审视：认同问题》（*Cultural China Re-examined: The Question of Identity*）为题，重新审视了他提出的文化中国命题。他的基本命题是：中心到处都是，边缘也是中心。相对于“政治中国”和“经济中国”，他强调要从文化层面了解中国文化的核心价值，特别是通过儒家伦理哲学的精粹，建立和世界其他文明的对话。

杜维明的“文化中国”，包括三个“象征世界”（symbolic universes）：第一是指中国大陆、香港、台湾及新加坡等地的华人社会，也即是以华人为主体并运作的社会；第二是散布在世界各地的华人社群，他称为“离散族裔”（diaspora）；第三是指与华人没有血缘、没有婚姻关系，但是对中国文化情有独钟的外籍人士。他认为这是三个各有特色而又不可分割的象征世界。杜维明当初的论文以“边缘即中心论”作为副题，原意是要消除中国文化霸权的偏见。不过，“文化中国”的翻译依然还有争议，主要原因在于“中国”是个政治和地理概念，既然跟文化连接了，就应该涵盖更加宽泛

---

① Ien Ang. *On Not Speaking Chinese: Living Between Asia and West*. London & New York: Routledge, 2001, p. 29.

② Rey Chow, "Introduction: On Chineseness as a Theoretical Problem," in Rey Chow(ed.), *Modern Chinese Literary and Cultural Studies in the Age of Theory: Reimagining a Field*. Durham: Duke University Press, 2000.

的概念，于是有人提出应该将 Cultural China 译为“文化中华”，超越传统的政治和地理概念。“文化中华”以源起于中华大地、流播到世界各地的华夏文明作为“文化中华”的定位。

在“文化中华”世界里，文化是流动的。只有这样多元、有容乃大的“中华”，才能让源自于中华文化的华族社群，以各自的内容、形态和特色来表现个别社群的文化现象，呈现同中存异、异中求同的多元“文化中华”性格。杜维明先生后来曾经编过一本论文集，书名很有讲究，叫作《充满活力的树：中华文化的流变》[①]。

著名文化人类学家詹姆斯·克利福德(James Clifford)在《途径：20 世纪后期的旅行好翻译》一书中也提到了途径与根源的问题，认为根源永远先于途径[②]。在“文化中华”世界里，文化是流动的，没有边界，只有这样才能体现中华文化有容乃大的多元传统，让源自中华文化的中华族群，以各自的内容、形态和特色来表现各自社群的文化现象，呈现求同存异、异中求同的多元氛围。所以，有学者就提出应该以“华学”替代“中国学”和“汉学”，这其中比较有代表的就是香港著名华人学者饶宗颐先生。饶先生说过，他是不太赞成用“国学”这个词的，每个国家都有自己的“国学”，我们不应独占这词而专有化。再用“国学”争议性只会更大。

我主张用“华学”，中华文化之学也。华人已遍布全球，所以“华学”较合适，它超越国度，直指文化内涵，这样将来我们新一代的学者可把已存在于外国的中华文化纳入研究范围。[③] 这种开放多元的趋向活跃了海外的中华研究。这其中包括澳大利亚国立大学的汉学家白杰明教授(Geremie Barmé)和美国洛杉矶加州大学的史书美教授先后提出的话语语系文学研究(Sinophone Studies)，韩瑞(Eric Hayot)、苏源熙(Haun Saussy)和史帝文·姚(Steven Yao)提出的“中国书写”(Sinographies)，石静远(Jing Tsu)和王德威(David Der-wei Wang)教授主编的《全球华语文学》(Global Chinese Literature)，还有海外华裔学者提出的华裔离散文学(diasporic Chinese Literature)等，将华学的研究落到了实处。就连梅维恒教授主编《哥伦比亚中国文学史》、孙康宜和宇文所安教授主编的《剑桥中国文学史》、王德威教授主编的哈佛版《新编现代中国文学史》等都将传统的中国文化研究拓展到了海外群体。在他们的文学史中，翻译文学、区域文学、少数民族文学、港台文学和马华文学等华文文学、中

---

① Tu Wei-ming (ed.). *The Living Tree: The Changing Meaning of Being Chinese Today*.Stanford University Press, 1994.

② James Clifford. *Routes: Travel and Translation in the Late Twentieth Century*. Cambridge, MA: Harvard University Press, 1997, p.3.

③ http://guoxue.ifeng.com/a/20170331/50870356_0.shtml。

国文学把越南、日本和韩国等都纳入进来，形成了一种杜维明和饶宗颐式的文化中华的概念。

从“汉字”到“汉学”或“中国学”，再到“华学”，这不仅仅是几个文字的变化，而是一种研究和思维范式的改变，是从一元向多元的一个巨大转变。“汉学”的概念相对单一，侧重于传统的语言文字典籍研究，中国学则把对汉文化的研究转移到对整个中国的政治、经济、文化、民族、历史、地理等进行广泛的研究，而“华学”则从全球的角度，从文化中华的理念来看待华人和中华文化在当今世界的影响力和作用力。

第五章　射正何为乎

习近平总书记在中央党校建校80周年庆祝大会上指出："中国传统文化博大精深，学习和掌握其中的各种思想精华，对树立正确的世界观、人生观、价值观很有益处。学史可以看成败、鉴得失、知兴替；学诗可以情飞扬、志高昂、人灵秀；学伦理可以知廉耻、懂荣辱、辨是非。"传统射箭是中华民族的伟大创造，几近绝迹，需要加以传承。学校是传承优秀传统体育文化的重镇，学习传统射箭既能强身健体，又能陶冶情操，更是继承我国优秀传统文化的有效途径。

问题

1. 何为射礼?
2. 传统射箭始于何时?
3. 当代大学生为什么要学习射箭?
4. 当代射箭运动有何特点?

一、何 为 射 礼

我们先来看看古代射礼竞赛的构成条件：

1. 参赛者——从贵族到精英

射礼竞赛中最早出现的参赛者是柞伯、小子、小臣，在西周早期的柞伯簋铭文中有记载。周王举行大射礼，柞伯十次举弓，十次射中，获得了周王十钣红铜的奖赏。据袁俊杰博士的考证，柞伯簋是西周早期康王时代的产物，[①]其中的"柞伯"应该是有史料记载的较早参赛者。早期参赛者的历史意义在于他们的身份，柞伯是当时较大的贵族，其他参与者"小子""小臣"都是贵族及其子弟。其他西周青铜器所载与射礼

① 袁俊杰：《两周射礼研究》[M]，北京：科学出版社，2013年版，第97页。

竞赛参赛者均为贵族，如令鼎铭文中的职官和小子，噩侯鼎铭文中的驭方和周王，长由盉铭文中的邢伯和大祝，静簋铭文中的王、职官等。从众多史料中可以确知，早期的参赛者都是贵族身份。后来到了礼乐文化盛行的时代，大射礼、宾射礼、燕射礼和乡射礼等赛会成为定期举行的大型社会活动，就像今天的全运会一样。参赛者的身份也从最高的统治阶层扩展到社会的中坚力量，尤其是以乡射礼为代表，参赛者扩展到整个“士阶层”。

从参赛者的角度看，射礼竞赛是一个自上而下的过程，最早的参与者是王和贵族。随着射礼竞赛社会教育价值的凸显，更多的社会精英加入到射礼赛会中。尤其是春秋战国时期，整个社会思想活跃，社会统治力量越来越多地依靠政治精英而非血统贵族。这些思想家的政治理想需要上通下达，“射礼”是一种非常合适的社会性活动，既能教育贵族子弟，又能影响社会中坚力量——“士阶层”。因此，射礼赛会自然与实现培育君子的政治理想相融合，参赛者需要具备“其争也君子”的道德品质。当时的社会精英如孔子，便亲身参与过射事。《礼记》中《射义》篇载“孔子射于矍相之圃，盖观者如堵墙”。①

体育竞赛在早期只能在社会余暇相对充裕的贵族内部展开。这种贵族内部开展的特性为射礼竞赛成为礼仪道德教育的社会性活动创设了条件。当“出身贵族”让位于“知识贵族”时，射礼从祭祀中的仪式转化为通过赛会的形式来教化社会精英、培育君子的社会活动。这也是射礼竞赛能够在当时的社会背景下兴盛的重要原因。

2. 裁判员——理论与实践的有效融合

体育竞赛中的裁判员相对专业，而且更具有不同于其他社会活动和娱乐活动的特点。先秦射礼竞赛明确设有裁判员这一角色，这也是认定其体育竞赛性质的原因之一。最早的史料是西周中期穆王时代的静簋铭文，“王命静司射学宫”。“静”的身份是小臣。“司”，是掌管的意思。“司射”便是“静”的职务，即掌管射礼事务。司射的身份在西周早期很难界定，既有主持的意思，又有裁判的意思，还有教官的意思。在后来的礼书中，司射主要是裁判的角色，而且在整个赛会中起着非常重要的作用。以《仪礼》中《乡射礼》篇为例，“司射”共出现 63 次，是整篇中出现最多的角色。另一位重要角色，主持性质的“司马”仅出现 39 次。《大射》篇中“司射”出现 44 次，同样是最多的。“司射”作为裁判员不仅要在竞赛中多次亮相，而且要熟谙礼法。“司射”

① 阮元校刻：《十三经注疏·礼记正义》[M]，北京：中华书局，2009 年版，第 3664 页。

这个角色一般由“射人”充任，“射人”在《周礼》中的解释为：“掌国之三公、孤、卿、大夫之位，……以射法治射仪。”[①]“射法”即射箭的技术性操作，“射仪”即射箭的精神性内涵。这说明中国古代最早的裁判员要能文能武。

在乡射礼中，司射确实需要亲自进行诱射，即示范给所有的参赛者怎样进行射箭才是符合礼仪的。这对裁判员的专业素养要求是极高的，也从一个侧面反映了当时射礼竞赛的发达程度。总体而言，先秦时期体育竞赛的裁判员已经发展到了专业化的阶段，不仅要公平执法，而且要精通所执法项目，与今天的裁判员别无二致。不同之处在于，当时的裁判更需要领会规则背后的理论基础，即“以射法治射仪”。

3. 竞赛场所——学校之源，育人之地

有专门的竞赛场所才能保证竞赛的有效开展，并形成一定的规模延续下来。射礼竞赛最早关于竞赛场所的记载出现于商代的甲骨文中，如麗、浮、濉。商代的射礼轮流在这三个地方进行，最后回到麗。这三个场所都是在近水泽的地方。[②] 后来的射礼场所也是建于近水泽处。文献《礼记正义》载：“天子将祭，必先习射于泽。已射于泽而后射于射宫。”[③]宋镇豪先生认为：“文献言习射于泽，与甲骨金文在浮、濉等几个水泽处的习射礼颇相似。……泽宫和射宫可能是泽畔所建与习射相关的建筑设施。”[④]从史料的确凿记载看，最早的射箭竞赛场所在商代的甲骨文中已经出现。从文献记载的前后推理来看，商代的射箭场所与后来的射礼场所有一定的延续性联系。

不仅射礼竞赛的场所存在一定的延续性联系，射箭场所与学校同样渊源深厚。《孟子·滕文公上》对于这种延续性有明确记载：“设为庠序学校以教之：庠者，养也；校者，教也；序者，射也。夏曰校，殷曰序，周曰庠，学则三代共之，皆所以明人伦也。”[⑤]三代时期的学校有着明显的延续性，虽然叫法不同，但功能一致。不仅如此，商代的“序”作为学校，主要是开展射的地方，所谓“序者，射也”。通过这种文献之间的前后联系，可以推断，射箭竞赛的场所与学校同源，而且“射”也确实是“六艺”之一。既然学校在三代有明确的延续性，那么射箭场所同样有历史延续性。因此，笔者认为周代射礼竞赛场地是从商代发展而来，而且自产生之日起便与教育密不可分。

---

① 阮元校刻：《十三经注疏·周礼注疏》[M]，北京：中华书局，2009年版，第1824—1825页。

② 史国生、邹国忠主编：《体育竞赛组织与管理》[M]，南京：南京师范大学出版社，2008年版，第33页。

③ 阮元校刻：《十三经注疏·礼记正义》[M]，北京：中华书局，2009年版，第3667页。

④ 宋镇豪：《从新出甲骨金文考述晚商射礼》[J]，《中国历史文物》，2006(1)，第10—18页。

⑤ 朱熹：《四书章句集注》[M]，北京：中华书局，2012年版，第258页。

体育竞赛开展的场所与学校合二为一并非偶然，亦不足为奇。古希腊的竞技场同样也是古希腊哲人教育民众的最佳场所。根源在于体育竞赛的社会性，在我们界定体育竞赛的概念时，已经指出这一特性。有组织的社会活动将大众在同一时间内聚集到同一场所，而且不管是参赛还是观赛，体育竞赛都是一种集体性的活动，人们会有一种更为专注的投入。这也是对人施加教育影响的最佳机会，因而，中西方才会不约而同地选择体育竞赛场所作为教育之地。射礼竞赛场地与学校的同源助推了射礼竞赛的兴盛，也使其占据了更多的历史篇幅。

4. 竞赛规则——社会观念的投射

射礼竞赛最早的规则可追溯到商代末期甲骨文中的“亡废矢”，即全部射中而没有未射中的箭。根据袁俊杰博士的考证，在《殷墟花园庄东地甲骨》的卜辞中有一个词“不鼀”，意思说的是“无废矢”。[①] 另外，商代末期的青铜器——作册般铜鼋，刻有“王射，叔射四，率亡废矢”的铭文，“亡废矢”的意思是：没有浪费一箭。[②] 在西周青铜器柞伯簋铭文同样有“无法（废）矢”的记载，意思是箭无虚发。宋镇豪先生认为：“此器用语‘无废矢’，与晚商铜鼋铭文相一致，也是射礼场合班赞品论竞射优胜的评语。”[③]由此可见，两处青铜器与甲骨卜辞中的记载有着内容上的一贯性，这表明在商代已经出现了专门用于表示竞赛的规则，即无废矢。

在《殷墟花园庄东地甲骨》出土的卜辞中，还有一个关键词可以向我们展示当时竞赛规则的专用语，即“获”字，意思是指射中。“获”在商代卜辞中多次出现，成为一种表达射中的专有名词。到了后来的射礼赛会中，如《仪礼》中所载，“获”字也确实用来报告比赛的结果给所有在场的人听，而且专门设有“唱获者”这一角色。[④] 至西周时期，射礼竞赛发展出了一套更为完备的规则系统。具体表现在“三番射”中，即第一番射，只报告结果，但不计数；第二番射开始计算射中个数，规则为“不贯不释”，[⑤]意思是射中但没有贯穿箭靶的也不计数；最为精妙的环节在第三番射，要求配合音乐进行射箭，既考虑射中，又增加了是否与音乐合拍的规则。整个“三番射”是一种通过规则设计，实现参赛者精神升华的过程。先秦文化的精髓在于“礼乐”，孔子说：“立于礼，成于乐。”[⑥]《礼记》云：“凡三王教世子必以礼乐。乐，所以修内也；礼，

---

① 袁俊杰：《两周射礼研究》[M]，北京：科学出版社，2013 年版，第 51 页。
② 李凯：《试论作册般鼋与晚商射礼》[J]，《中原文物》，2007(3)，第 46—50 页。
③ 宋镇豪：《从新出甲骨金文考述晚商射礼》[J]，《中国历史文物》，2006(1)，第 10—18 页。
④ 阮元校刻：《十三经注疏·仪礼注疏》[M]，北京：中华书局，2009 年版，第 2153 页。
⑤ 阮元校刻：《十三经注疏·仪礼注疏》[M]，北京：中华书局，2009 年版，第 2164 页。
⑥ 阮元校刻：《十三经注疏·论语注疏》[M]，北京：中华书局，2009 年版，第 5401 页。

所以修外也。”[①]之所以第三番射要配合“乐”，原因在于对人内在品德的培育。

先秦时期是中国文化理性启蒙的活跃期，因而，人在合礼仪方面的道德修养是一个亟须解决的社会议题。在这种社会观念背景下，射礼竞赛中的规则设计自然也就投射出了当时整体的社会制度设计理念。

5. 竞赛结果——通过公开保证公正

分出胜负是体育竞赛不同于一般社会活动的另一特点。给出一个明确的竞赛结果，能够进一步激发人们参与这项活动的兴趣。射礼竞赛不仅即时给出竞赛结果，而且更加突出公开性原则。商代射礼竞赛虽然有了“获”这样专门表达射中的语词出现，但并没有判断胜负的概念出现。从现有史料来看，最早明确给出竞赛结果的射礼竞赛出现在西周时期，如柞伯簋铭文中，柞伯十次举弓射箭，十次射中，没有作废的箭。于是周王把十钣红铜奖给了柞伯。[②] 鄂侯鼎铭文中，驭方和周王射箭，二人都未射中，依礼均饮罚酒。[③] 比射之后往往都会有奖励一同出现，这就更加意味着比赛的结果必须马上给出，否则无法奖励。从史物的记载看，西周早期射礼竞赛是以能否射中目标以及谁射中的箭数多来判定胜负。

后来东周礼书中的竞赛结果开始出现标准化。据《仪礼》中的《乡射礼》记载，主宾分成两队，每队三人，匹配成三耦，每人轮流射四支箭，最后计算射中个数。[④] 对于竞赛结果的计算也有一套标准化的系统。专门设有“唱获者”高声报出是否射中目标，另外还专门有“释获人”，每射中一矢，放一根算筹在地以计数。最后“释获人”在主裁判的监督下计算总数并宣布最终结果。整个竞赛结果的产生具有极高的透明度，符合公开性的原则。只有结果的公开，才能保证竞赛的公平。就当时的历史条件而言，这种竞赛结果的公开性已经被发挥到了极致，不仅有专门的人、专门的工具来展示结果，而且要让在场所有的人都能够听到，同时还有裁判的监督。就射礼竞赛结果的历史意义而言，其通过竞赛结果的公开保证了竞赛本身的公正，从而使得这种体育竞赛能够在当时推行。

二、射礼竞赛的历史文化意义

1. “三礼”中射礼竞赛的教育意义

“三礼”是指《周礼》《礼记》和《仪礼》，记载古代社会政事的经典文献。当时的政

---

① 阮元校刻：《十三经注疏·礼记正义》[M]，北京：中华书局，2009年版，第3046页。
② 袁俊杰：《两周射礼研究》[M]，北京：科学出版社，2013年版，第97页。
③ 袁俊杰：《两周射礼研究》[M]，北京：科学出版社，2013年版，第142页。
④ 阮元校刻：《十三经注疏·仪礼注疏》[M]，北京：中华书局，2009年版，第2144—2153页。

治制度设计主要围绕“礼”来展开，所以这三本文献的社会学价值极高。“三礼”中“射”字出现503次，其中表达射箭意思的出现493次。专门记载西周礼仪的《周礼》一书，将“射”纳入“六艺”。从“三礼”中可以看出射礼在当时的社会地位。更为重要的是，在这些文献记载中，我们可以确证射礼曾经作为一种典型的竞赛形式出现。《仪礼》中有《大射》篇，是规格最高的射礼竞赛，一般由君王亲自主持，很多时候王亲自参射。“大射”最初的主要目的是选贤任能，《礼记·射义》说：“是故古者天子以射选诸侯、卿、大夫、士。射者，男子之事也，因而饰之以礼乐也。故事之尽礼乐，而可数为，以立德行者，莫若射，故圣王务焉。”①在比射选拔的过程中，更容易看出一个人技术的以及技术之上的综合能力，因而才受到“圣王”的重视。从选贤的比射中，也可以更加清楚地确认射礼的竞赛性质。

最初射礼竞赛的目标是选拔人才，后来教育的价值越来越被看重，并推行到整个社会中。尤其是到了春秋战国时代，大射礼的规格降低，乡射礼兴盛起来。《仪礼》中同样专门有《乡射礼》篇。射礼竞赛也从上层社会逐步推广到整个社会中，用于教化民众。《周礼》中有“春秋以礼会民而射于州序”②的记载，到了“乡射礼”时，射礼作为一种竞赛形式已经普及到了整个社会中，如乡、州等社会的基本构成单位，参与者也主要是大夫、士等阶层。

射礼赛会能够发展到如此高的组织程度，与其较高的教育价值有紧密的联系。当时的射礼竞赛兼具社会教育意义和个人教育意义。《礼记》专门设置《射义》篇，其中记载：“古者诸侯之射也，必先行燕礼；卿、大夫、士之射也，必先行乡饮酒之礼。故燕礼者，所以明君臣之义也；乡饮酒之礼者，所以明长幼之序也。”③中国文化传统中强调的等级有序渗透于射礼赛会之中。不同等级身份的人，采取不同的器具、不同的距离行射，奏不同的音乐，以明尊卑有别之理；在同一个等级内，大家是公平竞争的，但是相互之间仍然要行礼以表示尊重。整个赛会本身是一场很好的教育展示会。另一方面，对于个人而言，射礼竞赛可以培育人的君子之德。同样是在《射义》篇载：“故射者，进退周还必中礼，内志正，外体直，然后持弓矢审固；持弓矢审固，然后可以言中，此可以观德行矣。”射箭这种静力性的体育竞赛，不同于跑步等动力性的体育竞赛，它更需要人内在的专注，而不是外在的力量释放。因而，它更容易通过内在的专注实现一种精神的修炼，当你能够表现出一种“内志正，外体直”的状态时，

① 阮元校刻：《十三经注疏·礼记正义》[M]，北京：中华书局，2009年版，第3663页。
② 阮元校刻：《十三经注疏·周礼注疏》[M]，北京：中华书局，2009年版，第1545页。
③ 阮元校刻：《十三经注疏·礼记正义》[M]，北京：中华书局，2009年版，第3662页。

不仅容易射中，同时也是一种德行的表达。

2. 射礼竞赛仪程中的文化特色

《仪礼·乡射礼》篇记载射礼分为主宾两队进行比赛，共有三轮竞赛，即“三番射”，每轮每人射四支箭。整个竞赛的组织化程度非常高，完全可以用现代意义的“赛会”来称谓。整个射礼赛会的规程有三十二项之多，我们将其归纳为九个阶段，射礼竞赛的礼仪特色尽显其中。

第一阶段：邀请和准备工作

(1) 邀请。“主人戒宾，宾出迎。主人答再拜，乃请。”(2) 布置场地。宾接受邀请后，“乃席宾”，然后布置洗、侯、乏等。乡射礼由主办方邀请宾参加，类似于今天的邀请赛。

第二阶段：开幕式

(3) 宾入场。“主人朝服，乃速宾。宾及门，主人一相出迎于门外。”主宾三揖三让之后入场。(4) 行燕礼。此一程序主要是揖让敬酒、作乐等礼仪。(5) 运动员就位、主裁判(司射)入场。“三耦(三对射手)俟于堂西。司射升自西阶，曰：‘弓矢既具，有司请射。’”开幕当天，主人需再次去请宾，相互行礼，入场同样需要多次行礼，处处体现着先秦时期文明礼仪的发达。

第三阶段：赛前准备

(6) 器具准备。“司射命弟子纳射器。”(7) 主持人(司正)入场。“司正为司马，司马命张侯。”司马由主办方选人，兼副裁判之职。(8) 运动员就位。(9) 主裁判诱射。“司射东面立于三耦之北，揖进；当阶，北面揖；及阶，揖；升堂，揖。当左物，北面揖；及物，揖。诱射。”“物”指十字标识的射位。这一阶段裁判员的诱射环节极具特色。司射在诱射过程中作揖六次，可见礼数之细。

第四阶段：预赛

(10) 第一轮射者就位。“上耦揖进，上射在左，并行。上射先升三等，下射从之，中等。上射升堂；下射升，上射揖，并行。”(11) 主裁判宣布注意事项。“司射命曰：‘无射获，无猎获！’”意思是不要射伤获者，不要惊扰获者。(12) 比赛开始。“上射既发；而后下射射。”(13) 助理裁判报告结果。“获者坐而获，获而未释获。”此番射中只高声报获，而不计数。(14) 第二、三轮射者依次比射。对阵运动员入场时，极为注重礼节，即孔子讲的“揖让而升”。另外在射仪上也有很高的要求，《周礼》记载：“乡射之礼五物询众庶，一曰和，二曰容，三曰主皮，四曰和容，五曰兴舞。”[①]《论语

① 阮元校刻：《十三经注疏·周礼注疏》[M]，北京：中华书局，2009年版，第1544页。

注疏》中进一步解释为:“射有五善焉:一曰和志,体和。二曰和容,有容仪。三曰主皮,能中质。四曰和颂,合《雅》《颂》。五曰兴武,与舞同。”[1]由此可见,射礼竞赛完全体现出礼仪化的特点。

第五阶段:正赛准备工作

(15) 裁判准备。“司马命弟子设楅(bī,古代插箭的器具)。”(16) 射者入场。(17) 主裁判宣布规则。“司射升,请释获(计算射中个数)于宾;宾许。北面命释获者设中(放筹码的容器),曰:‘不贯不释!’”这一轮的规则是不射穿箭靶不计算个数。由此可见,射箭竞赛在当时对于身体力量还是有一定要求的,虽不像“贯革之射”那么推崇竞力,但其体育竞赛的性质还是非常明显的,这与后来的投壶礼在性质上有所不同。

第六阶段:正赛

(18) 正赛开始。(19) 裁判计算结果。“司射北面视算。释获者东面于中西坐,先数右获。”(20) 宣布比赛结果。“释获者遂进取贤获执,……以升告于宾。若右胜,则曰:‘右贤于左。’……若左右均,……曰:‘左右均。’”(21) 饮罚酒。司射命三耦及众宾:“胜者一方皆袒左臂,手持上弦之弓。不胜一方穿好衣服,右手把解弦之弓。”胜者先上堂,然后不胜者上堂,站着干杯。(22) 答谢助理裁判。“司马洗爵,献获者于侯。司射献释获者于其位。”正赛中出现了饮罚酒的阶段,这种对于竞赛结果的奖惩办法极具特色。负者仅仅是象征性的饮酒惩罚,而胜者的奖励纯粹是一种荣耀,这将体育竞赛的目标定位到一种精神追求。

第七阶段:配合音乐的比射

(23) 第三番射。“司射请以乐乐于宾,宾许。”(24) 宣布规则。“司射北面命曰:‘不鼓不释!’”意思是射箭凡不与鼓节相应者则不释算。(25) 比射。“司射退反位。乐正东面命大师奏《驺虞》。”(26) 计算结果。“释获者执余获,升告左右卒射,如初。”(27) 宣布结果。“司射释弓视算,如初;释获者以贤获与钧告,如初。”(28) 饮罚酒。“司射命设丰,如初;遂命胜者执张弓,不胜者执弛弓,升饮如初。”本轮竞赛,是对射者最高的要求,也是体现礼乐文化的独有规程。

第八阶段:竞赛结束

(29) 收拾比赛用具。“司射命拾取矢,如初。”(30) 收拾场地器材。“司马命弟子说侯之左下纲而释之,命获者以旌退,命弟子退楅。司射命释获者退中与算。”

---

① 阮元校刻:《十三经注疏·论语注疏》[M],北京:中华书局,2009年版,第5358页。

第九阶段：宴饮

(31) 酬酒。“宾北面坐，阼阶上北面酬主人。主人以觯适西阶上酬大夫。若无大夫，则长受酬，亦如之。”(32) 互敬酒。“众受酬者拜、兴、饮，皆如宾酬主人之礼。”[①]

整个赛会有始有终，过程仪节极为复杂，竞赛性质明确。专门设有主持人员、裁判团、工勤人员等，规则极为细致，设有专用器具计数。不仅有公开的结果宣告，而且对参射者还有仪容方面的要求，乃至精神道德层面的规范。可以说，整个竞赛的组织程度较高。通过竞赛程序的完备，我们看到了中国古代最早的体育竞赛的盛况，丝毫不亚于古希腊的奥林匹克竞技会。

3. 儒家哲学观念与“射”的“以德引争”

有关“射”的记载，在中国先秦时期非常多。在我们所考察的20本儒家著作中，共出现448次。在诸多记载中，通过两个直接与孔子有关的事件，探究孔子本人看待“射”的不同视角；另外通过孔子的两段文本，力争诠释出儒家对于射礼竞赛的哲学认知。

事件一。《论语》中《子罕》篇载：“达巷党人曰：‘大哉孔子！博学而无所成名。’子闻之，谓门弟子曰：‘吾何执？执御乎？执射乎？吾执御矣。’[②]当有人说孔子博学但没有专长时，孔子说，自己应该射箭还是驾驭马车呢，还是马车吧。笔者认为，孔子这是一种自嘲式的说法，并非说他善于驾车，并能够靠驾车来成名。背后的意思是他并非以技术性专长来要求自己。另有记载：“孔子曰：‘若夫不肖之人，则彼将安能以中？’”意思是：“如果是无德无才的人，那他怎能射中？”[③]可见，在射和御这类活动中，道德层面的要求较之技术层面的要求更高。

事件二。《礼记》中也记载了一段孔子与射的故事。“孔子射于矍相之圃，盖观者如堵墙。射至于司马，使子路执弓矢，出延射曰：‘贲军之将，亡国之大夫，与为人后者不入，其余皆入。’盖去者半，入者半。又使公罔之裘、序点，扬觯而语，公罔之裘扬觯而语曰：‘幼壮孝弟，耆耋好礼，不从流俗，修身以俟死，者不？在此位也。’盖去者半，处者半。序点又扬觯而语曰：‘好学不倦，好礼不变，旄期称道不乱，者不？在此位也。’盖仅有存者。”[④]从这段故事可以看出，孔子之时，礼崩乐坏，从礼尚德者，

① 阮元校刻：《十三经注疏·仪礼注疏》[M]，北京：中华书局，2009年版，第2144—2187页。
② 阮元校刻：《十三经注疏·论语注疏》[M]，北京：中华书局，2009年版，第5407页。
③ 杨天宇：《礼记译注》[M]，上海：上海古籍出版社，2004年版，第840页。
④ 阮元校刻：《十三经注疏·礼记正义》[M]，北京：中华书局，2009年版，第3664页。

“仅有存者”。但从另一个侧面也可以看出，孔子对于射事本身有着较高的礼仪道德期待，已经延伸到了一个人在社会中存在的方方面面。

文本一。《论语》中《八佾》篇中有一段记载影响颇深：“子曰：‘射不主皮，为力不同科，古之道也。’”[①]“主皮”的意思是射穿甲革，强调的是力量。这一段中出现了对于体育竞赛来说极为重要的概念——“力”。射箭作为一项身体活动，是力量与技术的结合，尤其在历史的早期，更为强调力量，如“主皮之射”“贯革之射”等。后来，出于道德和礼的需要，射箭被发展出了另一种“力”，即区别于主皮射之力的“礼射”之力。虽然仍然需要有力量，但重点已经不在身体力量上，而是道德之力。儒家哲学对于射礼竞赛进行了思想上的再造，将体育竞赛提升到了精神层面，甚至完全压过了身体层面。

文本二。儒家文本中与射礼有关、最有代表性的当属《论语》中的《八佾》篇：“子曰：君子无所争，必也射乎！揖让而升，下而饮，其争也君子。”[②]后世文献对此段颇多引用，这里两次出现“争”的概念。这个概念源自人类对于资源(土地、食物、异性等)占有的本能，后来发展为对人性中一种“比”的心理情结以及这种心理情结所产生的社会后果的深刻认知和综合概括。此段文字表达了孔子对于“争”的综合认识，“其争也君子”，将“争”导向君子之“德”的理想状态。宋代朱熹注疏此段说：“言君子恭逊不与人争，惟于射而后有争。然其争也，雍容揖逊乃如此，则其争也君子，而非若小人之争矣。”[③]“君子之争”已经是中国文化中直到今天仍被广泛认可的概念，笔者认为其用于表达中国体育竞赛的内在精神极为适用。体育竞赛的竞争不仅注重结果，更为重要的是过程的价值。对于“君子”品性的修炼可以与不断超越、取得冠军的价值并行不悖，在尊重对手、公平竞争的情况下取得的冠军才是最高的荣耀。笔者将“君子之争”提炼为“以德引争”来表达中国古代体育竞赛的文化特质。

儒家关于射礼竞赛的记载中，不仅孔子强调精神层面的道德力量，其他先贤同样如此。《孟子》篇中有这样的记载：“仁者如射，射者正己而后发。发而不中，不怨胜己者，反求诸己而已矣。”[④]这段话是孔子说的，但收录在《孟子》中，至少说明孟子对这一观点的认同。也更能反映出这种思想在儒家思想中的经典性和广泛性。而且《礼记》中的《中庸》篇有：“子曰：射有似乎君子，失诸正鹄，反求诸其身。”[⑤]《射义》

① 阮元校刻：《十三经注疏·论语注疏》[M]，北京：中华书局，2009年版，第5358页。
② 阮元校刻：《十三经注疏·论语注疏》[M]，北京：中华书局，2009年版，第5356页。
③ 朱熹：《四书章句集注》[M]，北京：中华书局，2012年版，第53页。
④ 阮元校刻：《十三经注疏·孟子注疏》[M]，北京：中华书局，2009年版，第5852页。
⑤ 阮元校刻：《十三经注疏·礼记正义》[M]，北京：中华书局，2009年版，第3532页。

篇有："射者，仁之道也。射求正诸己，己正然后发，发而不中，则不怨胜己者，反求诸己而已矣。"[①]这种"反求诸己"的思想实际上是对前面"君子之争"的完美诠释，君子之间的"争"和"比"，不会产生"乱"，因为"反求诸己"带来的是自我精神道德的升华。因而，孟子说："由射于百步之外也，其至，尔力也；其中，非尔力也。"[②]身体的力量只能决定能否射到目标；射中目标的"力"是"圣，譬则力也"，[③]意思是说，内在精神力量决定能否射中目标。对于道德层面"圣"的理解能够产生一种"力"，这个"力"的概念有形而上的成分，是一种精神力量，这才是应该追寻的终极目标。在《荀子》中同样有许多这种隐喻，《劝学》《儒效》《王霸》《正论》篇中都有将射御一并用于隐喻为人为政之道。

中国古代曾经出现过跑步、角力这种力量型的体育竞赛形式，但并未进入到儒家的思想体系中。相比之下，射礼竞赛却在儒家的思想论述中大量出现。通过对儒家思想文献的解读，可以发现，儒家之所以能容纳射箭这种静力性的体育竞赛项目，原因在于射礼竞赛与当时的社会思想观念产生了有机的融合。射礼属于静力性项目，需要内在的专注，其实质是对自我的控制，因而很容易将竞赛的胜负归因于自我，不会像动力性的项目容易诱发攻击性的冲动，即儒家最为忌讳的"乱"，这也是儒家"秩序情结"[④]产生的心理根源。儒家思想家深刻地认识到"争"作为一种生存本能，不可能去除，只能引导，所以才创造性地从射礼竞赛中提炼出"其争也君子"。在这种思想背景下，射礼竞赛带着一种"以德引争"的文化色彩留存于历史之中。

三、传统射箭在当代传承的意义

要在校园里开展传统射箭，我们需要拿出理由来，去说服校长、家长和学生，为何要在校园里开展传统射箭，传统射箭有何当代价值？

首先从弘扬中国优秀传统文化的角度看，中国传统体育的边缘和弱势地位，无法与经济强国的身份匹配。作为体育人，中国传统射箭的当代传承，我们是有使命感的。

再从陶冶情操、健身健心的角度看，"日几中而后礼成，非强有力者弗能行也"。

---

① 阮元校刻：《十三经注疏·礼记正义》[M]，北京：中华书局，2009年版，第3668页。
② 阮元校刻：《十三经注疏·孟子注疏》[M]，北京：中华书局，2009年版，第5992页。
③ 阮元校刻：《十三经注疏·孟子注疏》[M]，北京：中华书局，2009年版，第5992页。
④ 张德胜：《儒家伦理与社会秩序——社会学诠释》[M]，上海：上海人民出版社，2008年版，第111页。

健心方面，它可以通过即时反馈帮助我们调节心理，陶冶情操。具体表现在以下六个方面。

1. 认识自己

我们每天通过照镜子，认识到了自己的长相。如果没有镜子，我们只能知道别人的容貌，而对自己的容貌知之不多。这种无知会影响我们在外在容貌方面的自我评价，过高或过低的自我评价都会带来不良后果。正确的自我评价是非常重要的。但是，人的内心却很难如实客观反映。射箭就像一面镜子，帮助我们认识自己的内心、性格甚至品性。原因在于，自我对话。当我在想自己的动作，想自己的心理状态时，是去照镜子，当我这一箭射出去之后，能否命中目标，便是镜子给我的反馈，告诉我照的结果怎么样。天天在自我对话，认识自己的能力得到锻炼，就能够学会正确地自我评价。

2. 自我调整

射箭由于即时反馈的特点，它强迫我们马上进行自我调整。传统射箭由于更加依赖于人的发挥，受外界干扰的因素更多，更加能够锻炼我们自我调整的能力。尤其是心理层面，我的感受是，只要心理有波动，马上就飞了。初学阶段，射中一支十环，第二箭肯定五环以外了。中级阶段，连续两箭中心，第三箭肯定跑六环以外了。

3. 专注与坚持

射箭特别讲究专注，要把靶心由小看大，古书里面讲纪昌把虱子看到像车轮那么大。专注对于一个人来讲，是非常重要的，我们经常教育小孩子，做事专心，成功率会大大提高。克服外界的干扰不容易，克服内在的干扰更难。传统射箭瞄点本身就不是很清楚的，更加需要有专注的能力。而且，现代社会更新速度快，各种新鲜事物的诱惑力很大。传统射箭要想射准更难，没有毅力和长期坚持不懈的训练是做不到的。

4. 平心静气

平心静气是射箭带给我个人在生活上最大的收获。上海是一个快节奏的城市，每个人都会不经意地被它带入一种快节奏的生活状态。快节奏最大的弊端就是心浮气躁，这非常影响生活质量。射箭强迫我们静下心来，瞄准靶心，长此以往，节奏就慢下来了，生活质量会有明显改善。

5. 君子之争的当代价值

我们把竞争的过程跟结果同等看待，甚至比结果还要看重。对对手的基本尊重，对物、人、事的尊敬的意义和价值是高于比赛结果的。例如，里约奥运女排比赛，巴西观众在中国队员每次发球时，都发出嘘声，这就不是君子之争，是不值得提倡的。

6. 反求诸己的当代价值

学会反思自我，是一件终身受益的事情。人非圣贤孰能无过，过而能改善莫大焉。这个说起来容易，做起来难。我们没法拿着镜子看到自己哪里“脏”了。我们只能锻炼一种自我反思的能力，去找找自己哪里错了。《傲慢与偏见》展示了人们要自我反思一下有多难，固执是人类最大的天敌。如果能够反思自己，生活质量就能大大提高。

第六章　城市的品位你懂吗

党的十八大以来，以习近平总书记为核心的党中央高度重视提高文化软实力，提高国际话语权，引导国际社会全面客观认识中国。但是如何让国际社会近距离感受中国社会发展取得的巨大成就，把中国故事讲好，把中国声音传播好，用西方学者和民众能够理解、乐于接受的话语体系解释中国问题，创新中国故事的对外话语表述，需要我们从历史中汲取经验并且不断创新。上海作为近代以来世界知名的大都市，所创造的海派文化吸收外来文化，解读后再让中国文化走出去，让世界接受中国文化，在让具有悠久历史的中国文化丰富世界文化方面取得了比较成功的经验，值得我们借鉴。

问题

1. 什么是海派文化的关键词？
2. 为什么旗袍成为摩登现代的代名词？
3. 为什么海派文学的特点是多元与创新？
4. 海派文化在当下的意义是什么？

一、什么是海派文化的关键词

谈到中国的城市，有这样一个说法：三千年看西安，五百年看北京，一百年看上海。

为什么一百年看上海？因为上海这座城市代表了现代。虽然中国的城市有数千年的历史，但是中国现代城市的出现，却是近百年的事。现代城市的形成，意味着一种转型，即知识的转型、价值的转型、审美的转型、道德的转型、理想的转型，总之是文化的转型——从传统农业文明向现代城市文明的嬗变过程。上海这座城市，自近代以来一直引领着时代的风潮，上演过无数惊心动魄的故事。

20 世纪 30 年代，从法国留学归来的北大教授曾觉之，从不同文化的并存、融合和新文化产生的角度，对上海现象进行分析，认为上海作为异质文化交织的城市，将成为人类新文明的中心之一。“上海将产生一种新的文明，吐放奇灿的花朵，不单全中国蒙其光辉，也许全世界沾其余泽，上海在不远的将来要为文明中心之一。”

今天我们来看这种新的文明，把它称为海派文化。海派文化是伴随着这座城市的形成发展起来的。海派文化是姓海的文化，是海纳百川、有容乃大的文化，是受西方文化影响最多的中国地域文化，从 1843 年开埠之后，西学东渐，海派崛起，云蒸霞蔚，日趋明显。海派文化萌芽期在 1843 年以前，成长时期在 1843 年到 1949 年，特别是 20 世纪三四十年代，上海“八面来风”似的国内外移民，哺育了海派文化的成长。今天我们讲海派文化，归结为以下几个关键词：摩登与现代——中西合璧、多元与创新——海纳百川。下面我们攫取海派文化当中两个具有代表性的元素——服饰与文学，分别诠释这几个关键词。

二、为什么旗袍成为摩登现代的代名词

上海开埠后，欧风美雨的吹打，辛亥革命的革故鼎新、商业繁荣，新风旧俗促进了服饰和服饰观念的变化。服饰是文化的透视镜，旗袍作为一个透视镜向我们展示了民国时期海派文化的一个侧影。上海为中国流行服饰的发源地，海派服饰文化体现出东方文明与西方文明交融、传统社会向现代社会演进过程中观念的进步。各式各样的旗袍是 20 世纪二三十年代上海“摩登”的一个标签。从 20 世纪 20 年代至 40 年代，旗袍的样式经过西方潮流的洗礼，有了大幅度的改变。不仅在美学上，而且在服装结构、制作工艺、面料质地与纹样选择上，均已彻底摆脱旧式样，成为中国女性的象征。因此，旗袍是名副其实的海派女装，与旗袍有关的一切，也都打上了浓郁的海派底色。

旗袍，从名称上看，与旗人的女袍有割不断的关系。两者的形制确有一些共同的特征，如上下一体的长袍、盘扣、滚边等，清代满族妇女的日常便袍即是这样，无开衩，右衽前襟向右掩，衣襟右侧一扣到底，周身加边饰，可外穿坎肩，秋冬加皮、棉等。领子有圆领和立领两种，其中立领的形制与后世的旗袍更为接近。旗袍也与男子的长衫相仿。长衫是近代中国男子的日常便服，外套上马褂，可作礼服。其形制亦为立领、大襟右衽，上下一体，长至踝上两寸左右，两侧下摆开一尺左右长衩，内穿长裤。长衫是男子社会地位的象征，区别于穿短打的劳工阶层。

清末民初，汉族女装多为上袄下裙，或上袄下裤，即所谓的“两截穿衣”。总的趋势是越来越简洁，装饰从大镶大滚改为简单的滚边，上袄更加适身贴体，衣长至臀下

或及膝，左右开叉，裙长可垂到脚背。领子大多为立领，且有越来越高的趋势，直至出现斜切过面颌的元宝领。“新文化运动”时期，开时代新风的女学生喜欢穿素色短袄，倒大袖(喇叭袖)，下着黑色裙子，裙长上提至小腿处，下着长袜、皮鞋或布鞋。这种颇具现代气息的女装被称为“文明新装”，有一种简洁素雅之美，为社会上其他阶层的妇女所仿效。

20 世纪 20 年代后，上海这一东方大都会出现了穿长袍的女子。起初只有少数时髦女性，后渐渐增多，最终满大街的女人都穿起了长袍。这种长袍，因与清代旗女的便袍有几分相似，被人称为“旗袍”。旗袍的流行，让很多人大惑不解。于是有人认为，上海女子穿的长袍，不过是形制上与满族妇女的袍服有些相似，其实她们模仿的不是旗女之袍，而是身边父兄们所穿的长衫，是把长衫给女装化了。

张爱玲写民国女装变迁的那篇《更衣记》，最初发表在 1943 年 12 月《天地》月刊第 3 期，她把旗袍诞生的时间明确地定在了 1921 年，并认为这种服装尽管有着旗袍的名称，其实却是对男装的仿效。这一时期西方世界发生了第一次世界大战，很多女性不得不走出家门，服装因此抛弃了烦琐的装饰，走向简洁，甚至出现男性化倾向。民初以来，上海女性受西方文化的影响，追求平等进步，那么穿上本该属于男性的长袍也不是一件奇怪的事。与平权意识增强同步的是女性意识的苏醒，旗袍在诞生后很快脱离了男装特征，一路向女性化方向发展，并传播到上海以外的其他城市。有意思的是，广东、香港、台湾等南方女性在接受了旗袍之后，并不称之为旗袍，而是称为“长衫”，英文为“cheongsam”，显然认定其来源与男子长衫有关。此外还有一种观点，认为旗袍的起源与旗装无关，与男子长衫亦无关，是上海女子结合自身服装特点在形式上的创新。民初女子的服装是上袄下裙或上袄下裤，但在乍暖还寒时节，或秋风乍起之时，可以在袄裤外套一件长马甲。长马甲通常立领、斜襟、无袖、两侧开叉，衣长在脚踝处。1940 年第 1 期的《良友画报》发表了一篇《旗袍的旋律》，图文并茂地介绍了旗袍的流行及变迁，文中说：“中国旧式女子穿的短袄长裙，北伐前一年便起了革命。最初是以旗袍马甲的形式出现，短袄依旧，长马甲替代了原有的围裙，……长马甲到十五年把短袄和马甲合并，就成为风行至今的旗袍了。当时守旧的中国女子还不敢尝试，因为老年人很不赞成这种男人装束的。”认为长马甲也有男人味，其演变为旗袍是在 1926 年。

下面我们看到的是 1926 年《良友画报》创刊第 1 期刊登的电影新作《一串珍珠》(长城画片公司出品)剧照。几位女性同时穿着华丽的短袄长裙、长马甲和宽大的长袍。该剧角色采用了最入时的装束，讽刺当时某些都市女性对物质虚荣的过度追求。在该画刊的第4期，对旗袍、长马甲分别作了介绍，并说旗袍大家闺秀多服之，长马甲为上海新“时装”。因此从时间上说，旗袍的流行应该与长马甲同步，当在1921—1925年之间。

旗袍诞生之初，还保留了相当的传统味道，按张爱玲的说法，是有着“清教徒”的风格。但之后很快脱离了旧传统的束缚，越来越时尚，越来越现代，到20世纪20年代末，已形成中西合璧的新风貌，成为民国女性的经典服装。这一过程彰显了海派文化在服装领域海纳百川的气度，是上海这一时尚都会在近代文化史上的重要贡献。

从保存下来的老照片和旗袍实物来看，1925年前的旗袍，一般宽大平直，平面裁剪，以倒大袖为多，不收腰，袍长及脚踝，袖长及小臂中部；至20年代中期，旗袍的衣长及袖长有所缩短，且上半身在胸至腰间已略呈合体之势，只是袖口和下摆仍显宽大。绲边一般只用一条丝带，也有用两条的，总体变得简洁。1940年第1期《良友画报》刊登的关于旗袍的文章还以图片形式显示了旗袍造型的变迁。据称，因为北伐成功，社会风尚有了大的改变，1928年以后，旗袍阔大的袖口逐渐变小，下摆提升，摆脱了初创时期的模样，并认为这标志着妇女的解放。这一时期旗袍从上海向各地传播，穿旗袍的女子越来越多。1929年，国民政府颁布了国民礼服法令规范，将旗袍(未用旗袍称谓)和袄裙同时列为女性礼服。至此，旗袍已成为国民女装。

20世纪30年代，旗袍进入了黄金时代。上至总统夫人，下至平民女性，均以旗袍为日常衣着。因为旗袍可富贵，可淡雅，可风情，可朴素，完全看穿旗袍的是什么样的人。这其中，以宋美龄为代表的上层女性能将旗袍穿出气场，以胡蝶为代表的电影明星能将旗袍穿出风情，知识女性穿一身素雅旗袍端庄典雅，而普通女学生穿着蓝布旗袍也不失朴素可爱。这一时期的旗袍在摆脱了旧时代束缚后，造型变得更美，式样更丰富，开始强调女性曲线之美。尽管服装结构大多还是平面的，但裁剪更为合体，领子变高，紧紧扣住颈部，腰部收窄，彰显身材，下摆变长，垂至脚面，穿着时亭亭玉立。而复杂精美的盘扣、四周镶嵌的花边装饰，使旗袍变得美轮美奂。张爱玲在《更衣记》中说:“时装(指旗袍)开始紧缩。喇叭管袖子收小了。1930年，袖长及肘，衣领又高了起来，……这一次的高领却是圆筒式的，紧抵着下颌，肌肉尚未松弛的姑娘们也生了双下巴。”这样的旗袍把女性变成了女神，上面是高昂的头，下面是布料裹着的丰柔肉身，既传统又西化，既保守又性感，可谓海派风情的典范。

旗袍也可以搭配西式的大衣，袍叉开得较高的旗袍盛行于1933—1934年，1935年后流行低叉，以至走路困难。1937年后，下摆再一寸一寸地上提，到1939—1940

年又提到了小腿处。

20 世纪 40 年代起，为达到西方式的合身轮廓，旗袍在裁剪工艺上开始采用腰褶或胸褶，让衣服从平面变成了立体。此时的旗袍，已经与 20 年代初诞生的传统旗袍有了本质的区别，服装结构不同，裁剪工艺不同，从中体现出来的审美观念更发生了很大的变化。更重要的是，旗袍的穿着方式也变了。40 年代的旗袍变得更简洁，装饰能免则免，最后连袖子也免了，出现了无袖旗袍。张爱玲女士说："近年来最重要的变化是衣袖的废除，同时衣领矮了，袍身短了，装饰性质镶滚也免了，改用盘花纽扣来代替，不久连纽扣也被捐弃了，改用揿钮。总之，这笔账完全是减法——所有的点缀品，无论有用没用，一概剔去。剩下的只有一件紧身背心，露出颈项、两臂和小腿。"

这是一个战火纷飞的年代，无数中国女性抛却时尚，穿着简便的蓝布旗袍投入工作。时间仓促，女人们无暇在衣服的袖口领边上花费心思，因此 40 年代的旗袍是简便的、现代的，但也是更有女人味的。遗留至今的民国旗袍以 40 年代的数量最多，从款式看，只有立领和衣襟的形式还延续了传统，连盘扣也被更简便的揿扣代替了。

为什么旗袍能成为国民女装？

清末民初，北京的满族女性也穿着简易的长袍，但她们没形成时尚，反而在江南文化的中心地带、在华洋混杂的通商口岸上海成就了旗袍的辉煌。为什么旗袍会在上海成了国民女装？

第一，上海城市的发展，自开埠以来发展日新月异，很快成为东亚首屈一指的工商业大都会。这座城市的人们，既拥有江南文化的底蕴与自信，又坐拥西风劲吹的前沿之便利，更有着海纳百川的胸怀，加上看重衣冠、追逐时髦的社会心态，使得旗袍这种"时装"从诞生起就带上了海派文化的深深烙印。

第二，旗袍是 20 世纪 20 年代上海各阶层女性与时装业不谋而合的创造，而旗袍的传播与演变，则与上海传播媒介的发达、娱乐业的繁荣、商业文明的相对成熟，以及社会的开放宽容有关。事实上，上海是当时的全国商业中心，作为此时中国最大的口岸城市，华洋杂处，霓虹闪耀，最能感受到来自欧美的时尚影响。民初以来，上海先后涌现出先施公司、永安百货、新新百货、大新百货这四大百货公司，以欧式建筑的造型耸立在繁华的南京路闹市区，且开启了商品的橱窗示模式，与国际潮流同步。其中最有实力的永安百货，商品以统办环球百货为目的，"凡日用之所需，生活之所赖，靡不尽力搜罗"。英国的棉布呢绒、法国的化妆用品、瑞士的钟表、捷克的玻璃制品、瑞典的搪瓷、日本的毛巾等，几乎把世界各国生产的名品搜罗齐全，成为都市时尚生活的风向标。永安公司甚至推出时装表演，创办《永安月刊》，全力打造一流的现代商业形象。有这样的商业氛围，上海女性的穿着必定是国内最时尚的。

因此，海派旗袍尽管保留了相对传统的造型元素，但与海外时尚并不脱节。20年代晚期至30年代初的旗袍下摆与袖口较短，而30年代中期又逐渐加长，乃至盖住脚背，而30年代末再次缩短，对照西方时装，几乎是亦步亦趋，节拍一致。旗袍还可以和西装、针织开衫、西式大衣套装搭配在一起，竟毫无违和感，反而将旗袍中西合璧的美感发挥到极致。

上海又是当时全国娱乐业最发达的城市，月份牌上的旗袍美女，定义了新时代"美女"的形象，她们健康、红润、性感、时尚，对物质生活充满热情，洋溢着现世的幸福。作为十里洋场，各种舞会、音乐会、展览会、赛会不时举行，电影院上映着国内外最新影片，娱乐杂志争奇斗艳，将名媛、影星、歌星等当红女性推送到社会上，引起人们的追随与仿效。

第三，此外上海还是近代中国纺织业中心，集中了全国最好的染织与服装企业，不仅提供最新最好的产品，而且在媒体上大做广告，推出时装发布会，为自己的品牌摇旗呐喊。这一切都对旗袍的发展起到了推波助澜的作用。旗袍流行之后，全国都市女性都穿旗袍。但作为传统文化的大本营，北京的旗袍大气中有着传统的遗风；作为民国时期的首都，南京的旗袍有着稳重端庄的风范。

而上海的旗袍与西方时尚的联系最紧密，外形廓线最具女性魅力，色彩纹样时新大方，配色优美和谐，款式细节富有变化，甚至推陈出新，将西方时装的流行元素用到旗袍上。这也许是海派旗袍的风格所在吧！

旗袍是中国的，更是上海的。

从根本上来说，海派旗袍不属于上海，也不属于中国，而是属于世界的。就从时装设计角度来说，海派旗袍已经不是中国民族服饰，而是一种发源于中国的女性时装设计体系，基于海派旗袍已经开发出一整套现代女性时装设计思想与体系。从美学角度来看，海派旗袍已经演变成一种女性人体雕塑，一种女性人体彩绘。海派旗袍更是一种神奇的女性韵味音乐，穿在淳朴的中华女子身上，能演奏出妖娆娇美的旋律，穿在性感、奔放的西洋女性身上却又奏出内敛隽美的节奏。这就是海派旗袍，她的根依然在中华，但已然有了一颗世界的心。

电影中的旗袍是东方的，穿旗袍的女子也是东方的，但穿旗袍的女性的思想却是融入了西方文化的。海派文化的开放性与包容性全融在电影中旗袍开衩的缝隙上。

三、为什么海派文学的特点是多元与创新

海派这个词汇源自于20世纪30年代初期文坛的一次关于京派文化与海派文化的论争，沈从文1933年10月《大公报·文艺副刊》发表了《文学者的态度》，严词批评上海的"一群玩票白相文学作家"，粗制滥造的作风及文学的商业化竞买。此文发表后，苏汶（杜衡）于同年12月发表了《文人在上海》一文，为"海派文人"辩解。他说文人在上海，生活困难，又难以找到工作，"于是在上海的文人更急迫要钱"，"这结果自然是多产，迅速的著书，一完稿便送出，没有闲暇在抽斗中横一遍竖一遍的修改"，"而这种不幸"便为"北方的同行所嘲笑"，他认为这不应该。苏汶的答辩文章发表后，沈从文接着发表了《论"海派"》，在文中界定了"海派"，认为"海派"即"名士才情"与"商业竞卖"相结合，其显著特征即"投机取巧""见风使舵"。鲁迅在这场争论中发表了意见，《"京派"与"海派"》中一针见血地指出了两派的根源与特征："北京是明清的帝都，上海乃各国之租界，帝都多官，租界多商，所有文人之在京者近官，没海者近商，近官者在使官得名，近商者在使商获利，而自己也赖以糊口。要而言之，不过'京派'是官的帮闲，'海派'则是商的帮忙而已。"在30年代，只有鲁迅能如此清醒地指出海派文学的属性及其在中国大地上影响的不断扩大。

回顾20世纪的中国文学史，是一部门户开放、逐渐走向世界现代文学的曲折史。这100多年中产生的文学作品，大致可以从以下8个方面进行分类：(1) 以个体、人性、自由为内核的启蒙文学；(2) 以揭露、批判、呐喊为内核的社会批判文学；(3) 以主观表现、感觉直觉、内部意识为内核的现代主义文学；(4) 以救亡、统一、强盛为内核的爱国主义文学；(5) 以解放、斗争、建设为内核的革命文学；(6) 以乡愁、风俗、批判色彩为内核的乡土文学；(7) 以休闲、感觉、性爱为内核的都市文学；(8) 以猎奇、有趣、娱乐为核心的通俗文学。某个文学作品也可能兼类。而在这8类具有不同文学精神的作品中，都有海派文学的存在。

海派文学区别于京派文学的特色是它的兼收并蓄与开拓创新的特点。海派文学有两个源头，一是中国古代的市井文学，一是西方自由民主域外文学以及种种文学思潮的结果。所以海派文学题材广泛，流派纷繁，满足了都市市民多元的文化需求。它是一种中国文学发展历史上从未有过的都市文学，从内容到形式，以至于发育过程和方式，具体而生动地演绎着上海在空间结构上传统的"城"与现代的"市"的边缘性，以及与之相联系的"内陆文化"与"海洋文化"的边缘性、传统"农耕文化"与

现代“商品文化”的边缘性。关于这种文学基本性状的描述，可以选择众多的层面，其中发展得相对清晰些的，而对于中国文学未来进展又最有启发意义的，大多是属于与传统文化大异其趣的部分。回顾中国近代文学史，20世纪到三四十年代，“海派文学”趋于成熟，出现了世界最前卫的文学，如穆时英的《白金的女体塑像》；跟传统和新潮结合得比较好的著作，如张恨水的《金粉世界》、丰子恺的《缘缘堂随笔》、张爱玲的《传奇》、钱锺书的《围城》、徐訏的《风萧萧》、还珠楼主的《蜀山剑侠传》等海派文学名作。

到了张爱玲年代，她已是自信地说：“到底是上海人！”“上海人的‘通’并不限于文理清顺，世故练达，到处我们可以找到真正的性灵文字。”“只有上海人能够懂得我文不达意的地方。”张爱玲的作品已是正面肯定现代都市物质文明的进步性，肯定商业社会市井生活场景的合理性。这就是海派文学成熟的历史。

我们来分析一下被众多学者们认为能够代表海派小说集大成者的张爱玲。20世纪40年代，临水照花的张爱玲横空出世，她继承了清末以来海派小说的衣钵，用一支生花妙笔记录了十里洋场的瞬息风华和俗世男女的离合悲欢。

张爱玲是典型的海派文学的作家，她的人生就是一部传奇。我们看她的身世，祖上是前清重臣，父亲是遗老遗少，母亲却是一个新女性。在她很小的时候，父母离婚，张爱玲跟父亲生活。张爱玲在这样的家庭环境里生活着，从小没有家庭的温暖，加之耳濡目染了封建大家庭的尔虞我诈，使她过早地积累了对人对事的否定情绪，形成了孤独、敏感的个性，终生都带着悲观的眼光看待家庭与人生。张爱玲的童年是不快乐的。父母离婚，父亲一度又扬言要杀死她，而她逃去母亲那里。母亲不久就又去了英国，她本来考上了伦敦大学，却因为赶上了太平洋战争，只得去读香港大学。要毕业了，香港又沦陷，只得回到上海来。此外，她与胡兰成的婚姻也是一个大的不幸。

张爱玲的性格中聚集了一大堆矛盾：她是一个善于将艺术生活化、生活艺术化的享乐主义者，又是一个对生活充满悲剧感的人；她是名门之后，贵府小姐，却骄傲地宣称自己是一个自食其力的小市民；她悲天悯人，时时洞见芸芸众生“可笑”背后的“可怜”，但实际生活中却显得冷漠寡情；她通达人情世故，但她自己待人穿衣，我行我素，独标孤高。她在文章里同读者拉家常，却始终保持着距离，不让外人窥测她的内心；她在40年代的上海大红大紫，然而几十年后，她在美国又深居简出，过着与世隔绝的生活，以至有人说只有张爱玲才可以同时承受灿烂夺目的喧闹与极度的孤寂。

现代女作家有以机智聪慧见长者，有以抒发情感著称者，但是能将才与情打成一片，在作品中既深深进入又保持超脱的，张爱玲之外再无第二人。张爱玲既写纯文艺作品，也写言情小说，还写剧本散文。作品这样身跨两界、亦雅亦俗的作家，一时无二；她受的是西洋学堂的教育，但她却钟情于中国小说艺术，在创作中自觉师承《红楼梦》《金瓶梅》的传统，将中国古典小说的叙事笔法、西方现代心理分析派的要领奇特地结合在一起，风格富丽堂皇而且充满丰富的意象，在新文学作家中，走这条路子的人少而又少，所以说张爱玲是中国文学史上的一个“异数”当不为过。文字在她的笔下，才真正有了生命，直钻进你的心里去。

张爱玲的文字虽说表达精当，对意象捕捉精妙，用情节推进来烘托人物心理是她的特色，但独特的、出神入化的心理分析和对人物性格的深刻揭示，更让她的作品令人叹为观止，回味无穷。张爱玲十分擅长对心理的剖析和描写，她的作品的文字，能根据故事的进展，立刻营造出与之相配的气氛。因此傅雷形容她的小说是“每句说话都是动作，每个动作都是说话”。我们可以看到，在她的文章里，并没有冗长的独白和烦琐的解析，也没有连篇累牍的心理活动赘述，而是利用人物自然流露出的动作和语言，即刻勾勒出人物的心理状态，同时营造出苍凉的气氛和风格，可见她过人的高超洞察力和描写力。

她刻画人物心理的深度远远超过了其他作家。比如：“他的心狂跳着，撕开了信封，抽出一张白纸，一个字也没有，他立刻明白了她的意思。她想写信给他，但是事到如今，还有什么话可以说？”（《五四遗事》）再如：“两人并排在公园里走着，很少说话，眼角里带一点对方衣裙与移动着的脚，女子的粉香，男子的淡巴菰气，这单纯而可爱的印象，便是他们的栏杆，栏杆把他们与大众隔开了。空旷的绿地上，许多人跑着，笑着谈着，可是他们走的是寂寂的绮丽的回廊——走不完的寂寂的回廊。不说话，长安并不感到任何缺陷。”（《金锁记》）

她的小说，在刻画人物的心理上，可谓出神入化，非常成功。她不仅擅长运用心理分析，还擅长通过心理分析，在每个细节上，都能反映出心理的进展和变化，并从中揭示社会根源，使小说具有了社会深度。所以夏志清评价张爱玲：“对于一个研究现代中国文学的人来说，张爱玲是今日中国最优秀最重要的作家。”

张爱玲终其一生都在描绘上海这座殖民都市的种种畸变的事态风情，刻画俗世男女在末世之城里庸俗琐屑却又哀矜荒芜的人性真情，她的作品直指人心，妙察人性，笔锋艳异凌厉，她骄傲地游走于文字与影像、大众与高蹈、媚俗与骇俗之间，以其创作实践和《传奇》等一批作品，将自己的传奇留给了上海，留给了1943年，成就了上海和她本人的传奇。

四、海派文化在当下的意义是什么

时代不断在前进与发展，中国经济高速发展三十年以后，有了和平崛起的愿望。和平崛起不能仅仅依靠 GDP，也不能依靠航母，更不能依靠导弹、核武器、隐形飞机，而是要依靠中国的文化崛起。中国的文化不崛起，中国永远不可能和平崛起于世界。如果中国崛起不依靠文化崛起，只能用武力，那么对中国、对世界都是一种灾难。这就带来一个问题，中国文化如何崛起？是关起门来自己崛起？还是走向世界成为世界文化的崛起？很明显，如果闭起门来自我崛起，且不论是否能崛起，一个开放的世界不可能接受一种封闭国度的文化。那么，中国文化崛起一定是补充、完善了世界文化。

全世界都知道中国文化是优秀的文化，缺少中国文化的世界文化不会是一种完善的文化。中国文化不仅能补充世界文化，还能完善世界文化，这不是中国人的自我吹嘘，而是世界文化发展的必然趋势。世界对中国文化的研究从来也没有停止过，每隔几年世界上都会出现一阵"中国热"。从《花木兰》到《功夫熊猫》，好莱坞电影也充分运用了中国故事与中国元素。但是，中国文化在融入世界文化的过程中存在着严重的"语言"障碍，很多国人也没有认真学习与解读中国文化究竟是什么。所以，从某种意义上说，用美学（广义美学）思维来认识中国文化，用世界性语言来解读中国文化，不仅是中国的需要，更是世界文化发展的需要。海派文化吸收外来文化，解读后再让中国文化走出去，让世界接受中国文化，让具有悠久历史的中国文化丰富世界文化，取得的经验值得我们思考与借鉴。这样解读的结果，不仅让中国区域性文化元素被中国接受，还被世界接受，更是融入了世界主流文化中。

2013 年 12 月 30 日，习近平总书记主持中央政治局第十二次集体学习时强调，提高国家文化软实力，要努力展示中华文化独特魅力。在 5 000 多年文明发展进程中，中华民族创造了博大精深的灿烂文化，要使中华民族最基本的文化基因与当代文化相适应、与现代社会相协调，以人们喜闻乐见、具有广泛参与性的方式推广开来，把跨越时空、超越国度、富有永恒魅力、具有当代价值的文化精神弘扬起来，把继承传统优秀文化又弘扬时代精神、立足本国又面向世界的当代中国文化创新成果传播出去。党的十八大以来，以习近平同志为总书记的党中央高度重视提高文化软实力，提高国际话语权，引导国际社会全面客观认识中国。要具有全球视野，讲好中国故事、传播好中国声音，需要我们不断吸取前人的经验，并在此基础上不断创新内容、创新手段，精心构建对外话语体系，用其他国家学者和民众能够理解、乐于接受的话语体系解释中国问题，创新中国故事的对外话语表述，让国外受众想了解、听得懂、愿接受，从而增强对外话语的创造力、感召力、公信力。这也是今天海派文化被我们研究与借鉴的意义所在。

参考书目

1. 张爱玲：《流言 散文卷上》[M]，北京：中国戏剧出版社，2005 年版。
2. 张爱玲：《金锁记》[M]，《张爱玲文集》，合肥：安徽文艺出版社，1994 年版。
3. [美] 夏志清，刘绍铭译：《中国现代小说史》[M]，台北：传记文学出版社，1985 年版。

附　录

本附录所呈现的内容主要是在课堂教学的基础上，课堂助讲教师在课后经典导读环节的“经典书屋”中，为进一步开阔学生视野，有效延伸课堂教学效果，针对某一具体问题开展的专题导读，以期实现教学相长，教研互促共进。

在校园里读经典
——以《论语》为例

近几年，中国社会掀起了一股诵读经典的热潮，从央视的“汉字听写大会”“诗词大会”，到地方卫视的一系列向传统致敬的节目，在社会上引起了巨大反响。有人惊呼：传统文化要回归了！但是，如果理性而冷静地仔细想想，恐怕传统文化的回归和复兴不是几个优秀的电视节目就可以解决的。

其实，传统文化的内涵十分丰富，电视节目所展现的仅仅是冰山一角罢了。正如习近平总书记在中央党校建校 80 周年庆祝大会上指出的：“中国传统文化博大精深，学习和掌握其中的各种思想精华，对树立正确的世界观、人生观、价值观很有益处。学史可以看成败、鉴得失、知兴替；学诗可以情飞扬、志高昂、人灵秀；学伦理可以知廉耻、懂荣辱、辨是非。我们不仅要了解中国的历史文化，还要睁眼看世界，了解世界上不同民族的历史文化，去其糟粕，取其精华，从中获得启发，为我所用。”

中华优秀传统文化的内涵十分丰富，诸子百家、古典诗词、古代历史等，可谓卷帙浩繁。即使是一部《论语》，古往今来的研究者也是相当多。再如中国诗词大会比赛的冠军，其诗词量约为 2 000 多首，是普通人背诵的唐诗三百首的很多倍。但是如果想到，仅仅《全唐诗》一书就收录了近 5 万首诗，如果再算上其他朝代，那古典诗词的总量也就相当惊人了！所以，我们祖先的确创造了悠久、灿烂、丰富的文明成果流传到现在，这是给予我们后人的巨大财富，也是激励我们不断前进的力量源泉。

下面我们就以《论语》为例，谈一谈如何以现代人的眼光来读这部影响了中国几千年的经典著作。

一、孔子其人

孔子一生命运多舛，他的故事我们从小到大已经听得很多了。孔子曾经在老年时候，回顾自己的一生："吾十有五而志于学，三十而立，四十而不惑，五十而知天命，六十而耳顺，七十而从心所欲，不逾矩。"这是孔子对自己一生各阶段的总结。后世被奉为经典，也常常被后人引用来对照自我：人生的某一个阶段似乎都应该达到一定的境界，取得一定的成就，那才是积极的人生。但是，夫子也曾经说过："吾少也贱，故多能鄙事。"可见我们也要看到圣人困顿的一面。况且"七十而从心所欲，不逾矩"，可见道德的修为不是一朝一夕就能达成的，夫子到了七十岁才能有此修为，我们还着急什么，更应该平心静气地去面对自我！这与当今社会大行其道的各种心灵鸡汤和成功学相比，更符合实际，也更符合个体发展的客观规律。

因此，如何客观真实地评价孔子和《论语》，特别是孔子思想从统治阶级的工具这一桎梏中走出以后，该如何影响我们现代人的生活和心灵，是摆在我们面前的首要任务。

孔子在国内的影响力几千年来自不必说，在国外也是颇有影响。当然，有人赞美就有人批评。我们对待传统文化，也要做到古代史家的"不虚美、不隐恶"。我们先来看赞美的，韩国儒教最权威的教育机构成均馆馆长崔昌圭曾说过："孔子不仅是中国的，也是世界的。韩国有近80%的人信奉儒教，或受过儒教思想的熏陶。时至今日，儒教仍是韩国的主导文化，孔子为国尽忠，敬信节用，爱民如子，人伦之中，忠孝为本的思想已融入韩国人的血液，成为国家发展和人生道路的精神能源。"从这段话不难看出，韩国以及东南亚地区都深受儒家文化的影响。

当然，广受赞誉也要经得起批评，我们再来看看批评的话语。黑格尔说："如果孔子想要保持住他的名声，那么他的著作就不要被翻译才好。"韦伯也说过："儒家君子专注于自己的外表，对别人掩饰自己，也认为别人在掩饰他们自己。"这两位哲学大师如此评价孔子，肯定会引起诸多国人的不适。但如果我们细细考量，儒家文化有其时代的局限和阶级的局限，这些批评的话语不也正是其缺点的表现吗？

儒家讲求"名正言顺"，然而孔子却是一个不折不扣的私生子，这也是历来反孔人士的把柄。然而，如果我们一直抓住孔子的出身而大加贬损，那就又落入了阶级社会"血统论"的论调。米兰·昆德拉说："真的英雄，其实不问出处。"站在今人的立场去评价前人，这一点是首先要注意的。古人尚且认为"王侯将相宁有种乎？"，我们更应客观辩证地去看待这些问题。

所以对待孔夫子和《论语》，我们大可不必像古人那样奉为圭臬、顶礼膜拜，而应以平常心去阅读，去体会，去浸染。

二、《论语》其文

《论语》一书，自古以来虽是统治阶级的思想体现，但其中关于个体道德修养和读书学习等方面的内容，还是值得我们现代人去借鉴的。其中的诸多至理名言，仍然可以看作我们做人的标准和学习的座右铭。

我们曾经在课堂上做过不止一次的调查，发现大学生能够把《论语》全书通读的几乎没有，这实在令人汗颜。当然了，大家也许会说中学的课业负担比较重，没有时间去读经典著作——这理由颇能唬住一些人。事实情况是，《论语》全书总计才13 000多字，而一篇本科毕业论文往往要求8 000字，硕士论文要求3万字，博士论文至少10万字！区区10 000多字，充其量也就是一张报纸的正反面而已！这么少的字数，作为中国人，我们还能说没有时间去读吗？

自近代社会以来，东方文化日渐式微，西方文化在全球的发展倒是如火如荼。如今的国人，看着好莱坞大片，追着美剧，吃着各种洋快餐，很多人早就已经“数典忘祖”了吧？传统文化被抛之脑后，转而去学习西方的生活方式和思维方式，殊不知越是民族的，越是世界的。结果西方文化没学到位，自己的传统也丢失了。落得个不伦不类、不东不西的怪现象。不说别的，只说现在过马路，不少人连老人都不敢去扶！中华民族的传统美德都到哪里去了？

如此种种丢失传统美德的怪事，都需要我们去重新审视以儒家为代表的传统文化。所以，对于当代中国人，读一读《论语》十分有必要。

五四运动以后，孔夫子和《论语》作为封建文化的象征被列为批判否定的对象，“文化大革命”更是割裂了中国传统文明之延续。新儒学在国外如火如荼，学术圈也一度非常盛行，但终究在经济快速发展的浪潮中没有引起国人的普遍关注，也没有在当代中国社会中产生较大的反响。

然而，当前我国的经济总量已跃居世界第二，经济的强盛让我们又开始审视自己的软实力——这是国家发展的必经阶段。一个强大的国家，也必须有其深远和富有影响力的文化，否则就不能算是一个真正的大国。一味地去做西方文化的追随者，亦步亦趋地去模仿，终究不能成就自己的鲜明特色。今天，当我们对自己的民族精神及传统文化进行重新反思，毛泽东“古为今用，洋为中用”思想仍然具有很高的价值。用唯物辩证的思维方法，剖析中国传统文化的时候，就会发现其中的精华，《论语》便是其中之一。即使今天处在改革开放、经济腾飞、文化发展的时代大潮中，

《论语》中的许多思想仍具有一定的借鉴意义和时代价值。

《论语》是一部什么书呢？如果我们用最简单的话来概括，那就是“礼”和“仁”。“礼”即周礼，是孔子心目中理想的社会秩序。“仁”是一种道德规范，如果能做到，便可称为“君子”。如果人人都能成为“君子”，那就“天下大同”了。可以说，孔子在两千多年前所畅想的理想社会，是建立在个体道德修养极度完善的基础之上的。不过，他忽视了生产力这个决定性因素，所以注定在当时只能是一厢情愿罢了。

那么，什么是“仁”呢？

“仁”这个字在《论语》中一共出现了109次，可见它的核心地位。《论语》一书中，有孔子多次回答弟子的问仁。有意思的是，不同弟子问仁，孔子的回答却不一样，足见他是一位懂得因材施教的老师。比如，当他的大弟子颜回问他什么是仁的时候，孔子便回答他“仁”的最高纲领：“克己复礼为仁。”也就是说，只有克制自己，让言行符合礼就是仁德了。一旦做到言行符合礼，天下的人就会赞许你为仁人了。可见“仁”不是先天就有的，而是后天“修身”“克己”的结果。当然孔子还提出仁德的外在标准，这就是“刚、毅、木、讷近仁”（《子路》），即刚强、果断、质朴、语言谦虚的人接近于仁德。同时他还提出实践仁德的五项标准：“恭、宽、信、敏、惠”（《阳货》），即恭谨、宽厚、信实、勤敏、慈惠。他说，对人恭谨就不会招致侮辱，待人宽厚就会得到大家拥护，交往信实别人就会信任，做事勤敏就会取得成功，给人慈惠就能够很好使唤民众。孔子说能实行这五种美德者，就可算是“仁”了。

当然，要想完全达到“仁”是极不容易的。《论语》里教人追求仁德的方法，那就是“博学于文，约之以礼，亦可以弗畔矣夫！”（《颜渊》）即广泛地学习文化典籍，用礼约束自己的行为，这样就可以不背离正道了。同时也要重视向仁德的人学习，用仁德的人来帮助自己培养仁德。而仁德的人应该是自己站得住，也使别人站得住，自己希望达到也帮助别人达到，凡事能推己及人的人，即：“己欲立而立人，己欲达而达人，能近取譬，可谓仁之方也已。”（《雍也》）

此外，做人要重视个体的全面发展，这体现了孔子对人的社会性的认识，以及个人修养的相互制约作用，他说：“举于诗，立于礼，成于乐。”（《泰伯》）即：诗歌可以振奋人的精神，礼节可以坚定人的情操，音乐可以促进人们事业的成功。所以，对于个人修养来说，全面发展显得极为重要。

三、君子人格

我们上面说到，做到“仁”便可称为君子。《论语》一书中很多篇幅谈及君子，君子是一个广义概念，重在强调一种人格的追求，教人做一个不同于平凡人的人。为实现这一目的，《论语》提出了君子的言行标准及道德修养要求。我们试着从《论语》中寻找依据来诠释君子的内涵。

其一，君子应该是全方面发展的人才。孔子本人文武双全，精通六艺，司马迁《史记》载："孔子长九尺有六寸，人皆谓之长人而异之。"九尺六寸，无论是按照春秋还是西汉时代的度量衡来计算，孔子的身高都达到一米九以上——这似乎很难令我们想象——难道孔夫子不是一个白发苍苍、身材矮小、充满了说教意味的糟老头子么？其实还真的不是！大部分国人不了解孔子其人，中国历史的缺憾之一就是看不到人和人性，而是充满了作为各种符号的人。如果把孔子放到现在，身材高大，能文能武，会骑马会作战，知天文懂地理，那才真的是"男神"！而且更重要的是，孔子的品德十分高尚，也就是他常说的把成为"君子"作为自己的最高标准。他曾说"君子不器"，这话的意思是说君子必须具备多种才能，不能只像器具一样，而应"义以为质，礼以行之，孙以出之，信以成之"(《卫灵公》)。也就是说，君子应以道义作为做人的根本，按礼仪来实行，用谦逊来表达它，用忠诚来完成它，否则就谈不上君子。如果我们了解了真实的孔子，就应该知道，所谓的"君子"不是只会读书的知识分子。《论语·雍也》一章记载："子曰：'质胜文则野，文胜质则史。文质彬彬，然后君子。'"这句话的意思是：一个人如果朴实多于文采，就未免粗野，而文采多于朴实，又有些华而不实。文采和朴实配合适当，这才是君子。今天我们在用"文质彬彬"这个词的时候，往往是指一个人文雅的外表，然而最初孔子的意思并不是这样的。孔子认为一个人的文化修养和内在品德都很重要、不可偏废。人们要经过长期的修养磨炼才能表现出文质彬彬的风采。而这样的文质彬彬，才能称得上君子。如此，孔子提倡的多方面发展的"君子"形象，不正和我们现在大力培育的综合素质优秀的学生一样吗？

其二，君子要勇于担当。比如《论语·季氏将伐颛臾》这篇所载的故事就十分有趣。孔子的学生冉有、季路对孔子说自己的主公季氏要去侵犯颛臾这个小国，孔子立刻斥责了他们："求！无乃尔是过与？夫颛臾，昔者先王以为东蒙主，且在邦域之中矣，是社稷之臣也。何以伐为？"我们从这段话可以看出，孔子具有极强的原则性，而且一点儿也不隐藏自己的态度，对自己的学生提出了严厉的斥责。而当冉有他们为自己找借口说自己劝说不动季孙子时，孔子说："求！周任有言曰：'陈力就列，不能者止。'危而不持，颠而不扶，则将焉用彼相矣？且尔言过矣，虎兕出于柙，龟玉毁于椟中，是谁之过与？"这段话严厉指责了学生们的尸位素餐，在其位不谋其职。并且在下文非常明确指出了国家的忧患所在：不患寡而患不均，不患贫而患不安。这话在现在看来，仍然值得我们借鉴和反思。从这个故事我们可以看出，孔子无论对谁，即使他的权位再高，也敢于批评。尤其是他教导自己的学生在其位要谋其职，能干就干，不能干就走。这些话，除了表现出他的刚正不阿和对局势的判断之外，也对当今社会的一些"学而优则仕"以及领导干部的"智囊团"的知识分子们提出了要勇于担当的要求。

其三，君子要懂得约束自己，即"克己"。孔子认为，君子除了自我修养，还要重视用"戒、畏、思"几项标准严格要求自己。孔子曰："君子有三戒：少之时，血气未定，戒之在色；及其壮也，血气方刚，戒之在斗；及其老也，血气既衰，戒之在得。"这些话非常具体地对人生的不同阶段提出了注意事项，值得我们当代人借鉴。当然，孔子也从另外一个层面提出过一种"约束"，即"举直错诸枉，能使枉者直"(《论语·樊迟问仁》)，用正直的人来统治不正直的人，不正直的人也会变好，这何尝不是一种外在约束？而且，这种外在约束，对于国家政权和社会治理的意义很大。就像我们现在所提倡的从严治党一样，仅仅依靠党员自身的自律是远远不够的，还得有一系列外在的人和制度的约束才可以。

其四，君子追求的是"朝闻道，夕死可矣"。我们知道，孔子追求的"道"是一种复古，他感叹他所处的时代天道不存，人伦纲常遭受破坏，礼崩乐坏，所以极其怀念周王朝初期的礼乐制度和社会状况。当对现实不满意时，个体往往会有两种选择：一是向前看，二是怀念过去。我们且不去分析孔子的这种怀念过去的"复古"是好是坏。我们仅仅从个体对一种完善人格和美好社会的追求来看，孔夫子也是极具理想主义的伟大人物。当我们现代人沉浸在经济发展所带给我们的丰富的物质生活中时，我们的心灵却似乎越来越空虚了。大多数人都只是局限于眼下，局限于自己，一辈子为了房子、车子、票子而活，不能不说是现代人的悲哀和无奈！

四、关于学习

《论语》中有关学习的章节特别多，用一句话可以概括为：没有学习的生活不是好的生活。这些语录虽已历经千年，但仍然值得我们借鉴。

其一，学习是快乐的。《雍也》篇里孔子赞扬学生颜回的乐观的学习精神："一箪食，一瓢饮，在陋巷，人不堪其忧，回也不改其乐。"这是孔子最欣赏的大弟子颜回的真实写照。颜回的物质生活很贫乏，吃住条件都很差，但是仍然能乐观面对生活努力学习，没有怨天尤人，更没有呼天抢地，这是十分难能可贵的，也非常值得我们现在的一些贫困学子去学习。几千年来,儒家一直追求的都是这种"孔颜乐处",是与儒家积极进取、乐观豁达的内在精神分不开的。当然,既然学习是快乐的,所以除了自身的学习,向他人学习也是孔子大力提倡的。"三人行,必有我师焉。择其善者而从之,其不善者而改之。"(《述而》)"敏而好学,不耻下问"的学习精神,"见贤思齐焉,见不贤而内自省也"(《里仁》)。可见,只要是能够让自己进步的,孔子都提倡虚心求教,如果碍于情面放不下身段,那学习该有多痛苦啊!

其二,学习要注意方法。孔子在教导学生时,十分注意学习方法,最著名的就是"学而时习之,不亦说乎"(《学而》),"温故而知新,可以为师矣"(《为政》),这些话我们从孩提时代就已知晓,可见这些方法仍然在发挥作用而且影响很大。当然,我们上文说到,孔子也绝对不是一个书呆子,所以在学习时他还特别提倡实践学思结合,勇于实践。他说:"学而不思则罔,思而不学则殆。"(《为政》)意思是如果只知道死记硬背,不会用心灵去思考,是读不好书的。现在有些同学觉得自己理科不行,选择文科,觉得背背就可以了,那就大错特错了。要想把文科学好,思考是十分重要的,否则只能人云亦云,拾人牙慧,最后自己的大脑也就成了别人思想的跑马场了。

其三,学习不能偏废。孔子主张学习要博学多才,他说:"志于道,据于德,依于仁,游于艺。"(《论语·述而》)这个"艺",就是指"六艺",它实际上是六门实践性很强的基本技艺。"六艺"之称始见于春秋初期的《周礼》:"六艺:礼、乐、射、御、书、数。"礼,是行为习惯、礼仪程序,以及不同等级的人在各种礼仪中所处的地位和作用;乐,是音乐、舞蹈、诗歌等;射,是射箭技术;御,是驾驭战车的技术;书,是识字、书法教育;数,是算术。他又提出要用四种东西作为自己的学习纲要,这就是"文、行、忠、信"(《述而》),即文化知识、品德修养、忠诚笃厚、坚守信约。这四项内容对于自己和别人都具有重要意义。所以我们今天来看,孔子不仅注重因材施教,而且非常重视培养学生的综合素质。这种综合素质,既有品德方面的,也有专业技能方面的,放在现在来看,一点儿也不落伍,所以我们称他为"至圣先师"是十分恰当的。

五、孔子思想在海外

"孔子"一词的英文是 confusious,可见他很早就被外国人所知。几千年来,孔夫子在中国的地位演变可谓是一波三折,先秦到汉初是普通人,西汉汉武帝时期"罢黜百家、独尊儒术"后成了"神",他的思想成了封建社会的正统思想——这可能是孔夫子万万没有想到的。五四运动以后,孔子又从神坛跌落变成了"鬼","打倒孔家店"是那个时代最响亮的口号。他的失败源自他的伟大,中国是一个喜欢造神的国度,而且往往是喜欢你时把你捧得很高，不喜欢你时恨不得拿刀杀了你！成为神时，全是优点，完美得可怕；变成鬼时，全是缺点，几乎一无是处！孔子的遭遇已经能说明这一切。几千年来，那些统治者们口中的孔子就真的是夫子本人么？夫子如果能够穿越回来，是否愿意他的这些思想统治中国这么久，而且越来越腐朽，越来越闭塞？他应该是一个懂得与时俱进的人啊。然而，这一切都不得而知。

我们唯一知道的是，随着中华人民共和国的成立，特别是改革开放以后，随着社会制度的完善，各种思潮的发展和学术圈的自由碰撞，我们已经越来越能够接近一个真实的孔子。这个真实的孔子，也越来越在国际文化交流的舞台上得到更多国家和民族的关注、推崇和喜爱。

随着中国经济实力的壮大，政府十分重视中国传统文化在海外的宣传和推广，孔子学院自 2004 年在韩国成立第一所，现在已经在全世界大部分国家开办。截至 2016 年 12 月 31 日，全球 140 个国家（地区）建立 512 所孔子学院和 1 073 个孔子课堂。全世界形成了一股“汉语热”，据不完全统计，全世界学习汉语的人已经超过 1 亿。2013 年，全球共有 500 万人次参加各类汉语考试，全球汉语考试考点达 875 个，遍布 114 个国家和地区。这些都是孔子思想走向世界，宣传中国传统文化，提升中国软实力和国际形象的最好证明。

2014 年 9 月 24 日，国家主席习近平在人民大会堂出席了纪念孔子诞辰 2 565 周年国际学术研讨会暨国际儒学联合会第五届会员大会开幕会并发表重要讲话。他强调，不忘历史才能开辟未来，善于继承才能善于创新。只有坚持从历史走向未来，从延续民族文化血脉中开拓前进，我们才能做好今天的事业。推进人类各种文明交流交融、互学互鉴，是让世界变得更加美丽、各国人民生活得更加美好的必由之路。大会将 2014 年 9 月 27 日定为首个“孔子学院日”。

习近平总书记 2013 年 11 月 26 日在山东考察时说：“一个国家、一个民族的强盛，总是以文化兴盛为支撑的，中华民族伟大复兴需要以中华文化发展繁荣为条件。对历史文化特别是先人传承下来的道德规范，要坚持古为今用、推陈出新，有鉴别地加以对待，有扬弃地予以继承。……国无德不兴，人无德不立。必须加强全社会的思想道德建设，激发人们形成善良的道德意愿、道德情感，培育正确的道德判断和道德责任，提高道德实践能力尤其是自觉践行能力，引导人们向往和追求讲道德、尊道德、守道德的生活，形成向上的力量、向善的力量。只要中华民族一代接着一代追求美好崇高的道德境界，我们的民族就永远充满希望。”总书记的讲话已经为我们指明了方向和方法，对待中国传统文化，任重而道远，我们一定要砥砺前行。

参考书目

1. 李泽厚：《论语今读》[M]，北京：中华书局，2015 年版。
2. 梁漱溟：《中国文化要义》[M]，上海：上海人民出版社，2011 年版。
3. 吴小如：《中国文化史纲要》[M]，北京：北京大学出版社，2007 年版。
4. 杨伯峻：《论语译注》[M]，北京：中华书局，2012 年版。
5. 南怀瑾：《论语别裁》[M]，上海：复旦大学出版社，2016 年版。

《管子》导读
——中国文化能走多远

《管子》是先秦诸子中一部集古代思想大成的书。书中集中体现的政治思想、经济思想及朴素的唯物主义与辩证法的哲学观点，是先秦诸子思想的渊源，对于道家、法家、儒家、墨家都有影响。《管子》中的治国强民的思想体系和政治、经济措施，对于我们党在经济新常态下治国理政，落实五大发展理念，推进供给侧结构性改革，提高社会生产力水平，落实好以人民为中心的发展思想有诸多启示意义。

一、《管子》的成书和主要思想

管仲(约公元前723年—公元前645年)，姬姓，管氏，名夷吾，字仲，谥敬，颍上人(今安徽颍上)，周穆王的后代，是中国古代著名的经济学家、哲学家、政治家、军事家。齐桓公元年(公元前685年)管仲任齐相，执政四十年，因势制宜，分设各级官吏，选拔士子，赏勤罚惰，征收赋税，统一铸造、管理钱币，制定捕鱼、煮盐之法；对外采取“尊王攘夷”的外交策略，使齐桓公成为春秋时期的第一个霸主。

管子的丰富思想是先秦诸子思想的渊源。在管子时代，中国思想还没有大的分歧和分叉，儒、法、道还没分家，因此我们可以说管子思想是综合思想。在管子的思想中，既有仁义思想，也有法治思想。管子既重视道德和教育的力量，也重视刑罚和法律的威力。另外，管子还是一个开明、民主的政治家，既尊重当时的封建等级制度，也大力从平民百姓中选拔人才。[①]

《管子》一书的形成有其深刻的历史背景。淮南子说：“齐桓公之时，天子卑弱，诸侯力征，南夷北狄交伐中国，中国之不绝如线，齐国之地，东负海而北障河，地狭由少而多智巧。桓公忧中国之患，苦夷狄之乱，欲以存亡继绝，崇天子之位，广文武之业，故管子书生焉。”可见《管子》一书是为适应春秋时期的政治、经济、军事诸方面的需要而产生的，有一套治国强民的思想体系和政治、经济措施。

战国时韩非描述了《管子》成书原因。他说：“今境内皆言治，藏管商之法者，家有之。”可见《管子》一书在当时受到人们的欢迎，其主要原因是“自治”，即治国强民的办法。《史记·管晏列传》中也说：“吾读管氏牧民，山高、乘马、轻重、九府，……详

---

① 仲大军：《揭开中国国学的真面目》，http：//club.kdnet.net/dispbbs.asp? boardid=1&id=1885114。

哉其言之也。既见其著书，欲观其行事，故次其传。至其书，世多有之。"司马迁也反映了当时《管子》一书流传的情况。

《管子》内容博大精深，大约成书于春秋战国（前 475 年—前 221 年）至秦汉时期，西汉刘向校订整理为 86 篇，到唐代又有 10 篇亡佚，依照郭沫若、闻一多、许维遹的《管子集校》，实际现存 24 卷 76 篇。《管子》一书的作者，目前尚无定论。可能为管仲思想的继承者、学生，收编、记录管仲生前思想、言论的总集，是齐国学者历时五六百年不断补充整理而成的。《管子》具有国家管理实践的公文风格，内容纯驳不一，确有诸多文体特性。到唐期，怀疑不是管仲所作的人增多。如孔颖达认为《轻重》篇是后人所加；苏辙认为该书多由韩之言，非管子之正；叶适认为此书为战国末期法家之流的作品；胡适认为《管子》这书定非管仲所作；梁启超则认为此书"未尝为伪"。这些观点反过来倒可以论证管子思想对先秦诸子思想的影响。近年来，我国研究《管子》的学者从"管仲辅佐齐桓公"的身世经验结合《管子》一书内容，整体考察认为《管子》属管仲所作。《管子》内容虽然庞杂，但杂而不乱，恰恰同管仲为相的工作内容相统一。不论《管子》一书的作者究竟是谁，作者是全部托名或部分托名，全书内容都反映了管仲的思想。

《管子》是一部集古代思想大成的书，主要以道家和法家思想为主，兼有儒家、兵家、纵横家、农家、阴阳家的思想，还涉及天文、伦理、地理、教育，甚至医药等问题。其中以道家著作最多，几乎各篇都有道家的语言片段与哲学思想，其次法家著作 18 篇，其余各家杂之。其中的法家思想是道家影响下的法家思维。《管子》对于墨家、道家、法家、儒家都有影响，它是研究先秦时期尤其是春秋时期社会政治、经济、军事、法律、文化等各个方面非常重要的原始资料。

著名史学家罗根泽在《管子探源》中指出："《管子》八十六篇，今亡者才十篇，在先秦诸子，裒为巨轶，远非他书所及。《心术》《白心》诠释道体，老庄之书未能远过；《法法》《明法》究论法理，韩非《定法》《难势》未敢多让；《牧民》《形势》《正世》《治国》多政治之言；《轻重》诸篇又多为理财之语；阴阳则有《宙合》《侈靡》《四时》《五行》；用兵则有《七法》《兵法》《制分》；地理则有《地员》；《弟子职》言礼；《水地》言医；其他诸篇亦皆率有孤诣。各家学说，保存最夥，诠发甚精，诚战国秦汉学术之宝藏也。"

二、《管子》的影响

《管子》历代被称为王霸奇书、诸子百家之源。《管子》是涵盖最高管理哲学、政治哲学、处世哲学、生命哲学的一部经典。我们所熟悉的"仓廪实而知礼节，衣食足而知荣辱”“礼、义、廉、耻”“十年树木百年树人”“以人为本”“以法治国”等名言都出自于《管子》。[①]

管子有几句名言，至今广为流传。第一句是**“仓廪实则知礼节，衣食足则知荣辱”**。西汉史学家司马迁在《史记·管晏列传》的引文中改动了一个字：“则”改成了“而”，就有了为后世津津乐道的“仓廪实而知礼节，衣食足而知荣辱”，释义为：粮仓充实就知道礼节，衣食饱暖就懂得荣辱。前面是从国家角度着眼，说一个政权只有粮仓充实、国力强盛，才有提倡礼仪的资本；后面是说，百姓只有吃饱穿暖，才能进一步懂得何为荣耀，何为羞耻。

孟子受管子思想影响提出：“民之为道也，有恒产者有恒心，无恒产者无恒心。”（《孟子·滕文公上》）这是说，让人民群众有了固定财产就能安定民心，推行仁政就有了经济基础。孟子又说：“夫仁政，必自经界始。”（《孟子·滕文公上》）这是从土地制度入手，让人民拥有固定的土地。孟子还在《孟子·梁惠王上》里说：“养生丧死无憾，王道之始也。五亩之宅，树之以桑，五十者可以衣帛矣！鸡豚狗彘之畜，无失其时，七十者可以食肉矣！百亩之田，勿夺其时，数口之家可以无饥矣！”孟子认为，实行王道并不难，先给每家农户分上五亩宅基地，让他们盖房栽桑、养猪喂鸡。再分上一百亩耕地，让全家衣食无忧，老人们都能吃上肉、穿上丝帛。然后建立乡学，让年轻人读书习礼，社会自然走上正轨。

《管子》另一段名言是“四维不张，国乃灭亡”。原文是：“国有四维，一维绝则倾，二维绝则危，三维绝则覆，四维绝则灭。倾可正也，危可安也，覆可起也，灭不可复错也。何谓四维？一曰礼，二曰义，三曰廉，四曰耻。礼不逾节，义不自进，廉不蔽恶，耻不从枉。”（《管子·牧民》）管子运用比喻表明如下观点：国家像是一根擎天大柱，由四条大绳维系着。如果这四条绳子断了一条，擎天大柱就歪斜了；若是断了两条，国家就危险了；若是断掉三条，国家就倒下了；若四条全断，国家就灭亡了！歪斜还能扶正，危险还可转安，倒下还能再立，灭亡可就不能再造了！

那么这四条绳子又是什么？分别是“礼、义、廉、耻”。“礼”就是不能越出应有的节度，即思想行为不能超出道德规范；“义”就是自己不推荐自己，即使自己的思想行为符合道德标准；“廉”就是不隐瞒自己的缺点错误，即廉洁不贪；“耻”就是不与不正派的人在一起，即要知羞耻。人有礼，做事就懂规矩、不出格；有义，就不会有非分冒进之想；有廉，就不会隐瞒过恶；有耻，就不屑于跟坏人同流合污。管子认为“礼、义、

---

① 参见侯会博客：《管子的三句名言你知道吗?》，http://blog.sina.com.cn/s/blog_4c08b3740102vbuo.html。

廉、耻”与法相比,比法更为重要,故而把它们称为支撑国家大厦的四根柱子。

儒家后来传承发展了礼义廉耻的思想。《论语·学而》载:“其为人也孝弟,而好犯上者,鲜矣;不好犯上,而好作乱者,未之有也。君子务本,本立而道生。孝弟也者,其为仁之本与!”意思是:“孝顺父母,顺从兄长,而喜好触犯上层统治者,这样的人是很少见的。不喜好触犯上层统治者,而喜好造反的人是没有的。君子专心致力于根本的事务,根本建立了,治国做人的原则也就有了。孝顺父母、顺从兄长,这就是仁的根本啊!”由此,“孝、悌、忠、信、礼、义、廉、耻”是做人的根本,是孔子德育内容的全部精髓,也是人生的八德。第二种说法是:“孝悌忠信、礼义廉耻”,是宋代理学家、思想家朱熹总结出来的,世称“朱子八德”,是儒学的精髓,是古时做人的基本道德。总之,以上内容都体现了《管子》对儒家思想的影响。

这里所谓“国有四维”,主要是针对在位者说的。宋代大文豪欧阳修撰写《新五代史》,在评价贪求富贵、丧失人格的三朝元老冯道时,把管子这段话总结为十六个字:“礼义廉耻,国之四维;四维不张,国乃灭亡。”这十六个字简洁扼要,却包含了儒家道德的核心理念,读起来朗朗上口,成为中国人立身行事的准则。

在管子看来,国家也跟人一样,是靠道德维系的。不讲礼义、廉耻,国库再充足、军队再强大,也难以自立于天下。这似乎是在警告统治者:仓廪实而“不”知礼节,照样不行。

《管子》第三句名言是:**“一年之计,莫如树谷;十年之计,莫如树木;终身之计,莫如树人。”**(《管子·权修》)“树”在这里是栽植、培养的意思。你只做一年的打算,种种庄稼就算了。要做十年打算,不如栽种树木。若做百年打算,就应培育人才。管仲身为宰相,站得高、看得远,见识自然超越常人。后人有诗云:“计利应计天下利,求名当求万世名。”说的就是这种境界吧。《管子·权修》确实是一篇教人权变的文章。而实际上说明先贤们已充分认识到了培养人才的重要性。所以后来人们把它提炼成“十年树木,百年树人”,表示培养人才是长远之计,也表示培养人才很不容易。

管子也十分重视法制,甚至可以说是管子开辟了中国法家学派的先河。管子十分善于运用“六柄”,即“生杀贫富贵贱”。“六柄”简而约之就是两柄:赏与罚。生、富、贵是赏,杀、贫、贱是罚。管仲就是利用这六柄来管理国家。管仲曾说:“畏威如疾,民之上也;从怀如流,民之下也;见怀思威,民之中也。”(《国语·齐语》)也可能就是自管子开始,齐国有了比较严格的刑法。

《管子》和诸子不同,诸子多论道谈玄,而管子不仅谈道,更谈法、术、势,但是和法家完全谈法、术不同，更强调以道控势。用现代的话说，不仅有世界观，更有方法论，还有操作指南。《管子》的核心理念解读起来不算难懂，首先是要尊重人性，以人性为出发点，以人为本就是尊重人性，用教化提升人性的善，用制度预防人性的恶。

三、习近平总书记在讲话中曾经多次引用《管子》

2013 年 2 月 28 日，习近平总书记在党的十八届二中全会第二次全体会议上的讲话中，引用了《禁藏》篇的“不作无补之功，不为无益之事”，释义为：不去立没有好处的功劳，也不去做没有益处的事情。习近平总书记强调领导干部为民办事，要科学决策，注重实效，考虑长远，不要做没有意义的事情。例如，开发一片森林，可以增大耕地面积，但有可能造成生态恶化、水土流失，长远来看，不但耕地没法使用，当地也会不宜人居。这种拍脑门的决策，屡屡见诸报端。所以在施政时，必须增强科学论证环节，着眼长远利益。

2013 年 12 月 26 日，在纪念毛泽东同志诞辰 120 周年座谈会的讲话中，习近平总书记引用了《牧民》篇中的名句“政之所兴，在顺民心；政之所废，在逆民心”，用以阐明毛泽东的“群众路线”。2014 年 9 月 21 日，在庆祝人民政协成立 65 周年大会的讲话中，习近平总书记再次引用了这句名言。释义为：政权之所以能兴盛，在于顺应民心；政权之所以废弛，则因为违逆民心。

管子是中国历史上最早提出“以民为本”思想的政治家，他主张统治者要顺民心、量民力、利民生，因为“政之所兴，在顺民心；政之所废，在逆民心”，即政令能否得到推行，就在于其能否顺应民心民意。统治者只有顺应民心民意，才能得到人民的拥护支持，而要顺应民心，首先要了解民情、关心民众疾苦。

在《牧民》中，管子对百姓之“恶”与“欲”的心理分析非常透彻到位。他看到了百姓“恶忧劳”“恶贫贱”“恶危坠”“恶灭绝”，即百姓嫌恶忧苦劳累、贫困低贱、危难灾祸、灭种绝后，那么统治者在制定治国方针政策时，就要顺应百姓的这些心理，给予百姓安逸快乐、富足显贵、生存安定。百姓的利益得到保障，他们就会愿意与国家同甘共苦，为国家赴汤蹈火。

全心全意为人民服务，是我们党一切行动的根本出发点和落脚点，是我们党区别于其他一切政党的根本标志。所谓全心全意为人民服务，就是想人民所想，急人民所急，着力解决人民群众最关心、最直接、最现实的利益问题，满足人民的需要，提高人民的生活水平，让老百姓过上安心、舒心、顺心的幸福生活。民心顺则事业兴，民和则国和，民安则国安。（2013 年 12 月 26 日，《习近平在纪念毛泽东同志诞辰

120 周年座谈会上的讲话》）

2014 年 5 月 4 日，在北京大学师生座谈会的讲话中，习近平总书记引用了《牧民》篇的“四维不张，国乃灭亡”，用以阐述核心价值观的问题。

国有四维，礼义廉耻，“四维不张，国乃灭亡”，实际上是中国过去宣扬的一种社会价值观。它从国家、个人两个层面为历代政权提供治国安民的理论依据。自西汉贾谊以“四维未备”警策文帝治国“犹度江河亡维楫，中流而遇风波，船必覆”，至北宋蔡襄上疏英宗“贪人日富”“独不知羞耻”。“清廉刻苦之士，妻孥饥寒”源自“四维不举”，清康熙帝亲作《四维解》，认为“言礼义而并言廉耻，可以警动天下而兴起其为善去恶之心”，再至孙中山解释中山装的四个口袋分别代表礼义廉耻。“四维论”作为传统社会的价值观，承载着人们的精神信仰，凝聚、激励着中华民族走过数千年岁月。（耿振东，《光明日报》，2017 年 2 月 9 日第 2 版）

每个时代都有每个时代的精神，每个时代都有每个时代的价值观念。时代在进步、社会在发展、思想在更新、国际环境在变化，视时立仪，乘时进退，充分汲取传统文化的滋养，以与时俱进的责任担当培育并践行新时代中国核心价值观刻不容缓。正是在这一意义上，党的十八大提出了“富强、民主、文明、和谐，自由、平等、公正、法治，爱国、敬业、诚信、友善”的社会主义核心价值观。

与“四维不张，国乃灭亡”的传统价值观相比，社会主义核心价值观进一步丰富了全民共享的道德世界，分别从建设什么样的国家、建设什么样的社会、培育什么样的公民三个方面指明了 21 世纪中华民族共同驻守的价值追求、是非曲直的评判标准，这是我们实现中国梦的重要精神保障。

2014 年 6 月 9 日，在中国科学院第十七次院士大会、中国工程院第十二次院士大会的讲话中，习近平总书记引用了《权修》篇的“一年之计，莫如树谷；十年之计，莫如树木；终身之计，莫如树人”，强调要培养好科技人才、建设好我国科技队伍。习近平指出，我们要把人才资源开发放在科技创新最优先的位置，改革人才培养、引进、使用等机制，努力造就一批世界水平的科学家、科技领军人才、工程师和高水平创新团队，注重培养一线创新人才和青年科技人才。

2014 年 6 月 28 日，在纪念和平共处五项原则发表 60 周年大会的讲话中，习近平总书记引用了《霸言》篇的“夫轻重强弱之形，诸侯合则强，孤则弱”，旨在阐明合作共赢应该成为各国处理国际事务的基本政策取向。

2014 年 12 月 13 日，在南京大屠杀死难者国家公祭仪式的讲话中，习近平总书记引用了《形势》篇的“疑今者，察之古；不知来者，视之往”，告诫人们牢记历史，借古鉴今。

2015年11月18日，在菲律宾马尼拉亚太经合组织工商领导人峰会的演讲中，习近平总书记引用了《治国》篇的“凡治国之道，必先富民”，强调发展的最终目的是造福人民，必须让发展成果更多惠及全体人民。《管子》的思想精华可以为我们今天各项事业提供理论支持。

2016年1月21日，国家主席习近平在开罗阿拉伯国家联盟总部发表题为《共同开创中阿关系的美好未来》的重要演讲，其中引用了《形势》中的一句话：“未之见而亲焉，可以往矣；久而不忘焉，可以来矣。”这句话是管子用来讲解君主与臣民的关系。一位德善之行名扬四海的圣君，民众会在未见其人时就倍感亲切、愿投奔归附；一位令天下都久久不忘其德的国君，天下人便可归心于他。“未之见而亲焉”，是一种气场相投、理念认同，才能仅凭声望便有神交之感，故此“可以往矣”，磁场的吸引会令相逢相交的缘分最终开启；“久而不忘焉”，是一种精神相契、情感相惜，才能深以为然地经久不忘、同心不离，故而“可以来矣”，同道中人的相拥是殊途同归的必然。所以，这句古语的使用范围，不仅限于君臣德行的感召，也可用于国际相交的情景，更可用于人际关系的形容。

2018年9月3日，在中非合作论坛北京峰会上，习近平主席出席开幕式并发表题为《携手共命运 同心促发展》的主旨讲话，在讲到要携手打造更加紧密的中非命运共同体时，他引用了《管子·形势解》中的一句典故：“海不辞水，故能成其大。”陕西师范大学国学研究院院长曹胜高进行解读，这句话的原文是：“海不辞水，故能成其大；山不辞土石，故能成其高。”意思是说，大海不拒绝点滴的水，才能浩瀚无边；高山不拒绝一土一石，才能巍峨耸立。习近平主席引用这句话，是说伟大的事业需要吸纳尽可能多的力量，美好的未来需要拓展更务实合作领域。中国愿意在未来的中非交往中，同非洲人民心往一处想、劲往一处使，通过责任共担、合作共赢、幸福共享、文化共兴，同非洲加强全方位的合作，共筑更加紧密的中非命运共同体。

2018年12月18日，习近平总书记在庆祝改革开放40周年大会上的重要讲话中引用了《管子·乘马》：“事者，生于虑，成于务，失于傲。”这句话原意为世上的事情大都产生于周密谋划，因务实努力而成功，因骄傲放纵而失败，习近平同志引用这句古语意在强调，伟大梦想不是等得来、喊得来的，而是拼出来、干出来的。改革开放已走过千山万水，但仍需跋山涉水。我们绝不能有半点骄傲自满、故步自封，也绝不能有丝毫犹豫不决、徘徊彷徨，必须统揽伟大斗争、伟大工程、伟大事业、伟大梦想，勇立潮头、奋勇搏击。

习近平总书记具有深厚的国学底蕴，对中国传统文化充满尊重和自信。他指出，我们要学习中华民族优秀的传统文化和高尚的精神追求。历经磨难而不衰的中华文明，蕴涵着丰富而宝贵的思想文化遗产。他强调，中国优秀传统文化，领导干部也要学习，以学益智，以学修身。中国传统文化博大精深，学习和掌握其中的各种思想精华，对树立正确的世界观、人生观、价值观很有益处。

四、《管子》中的经济思想，以及对我国促进经济发展的启示

（一）《管子》的经济思想

管子是可以明确称为中国第一个具备完备经济思想的人。他开创了中国第一个区域经济高峰。他的许多理论和实践对中国的影响一直延续到现在。他第一个设立宏观经济调控机构“轻重九府”，建立完整的粮食储备制度和物价平抑制度。他第一个设立盐铁专卖制度，“官山海，寓税于价”，实行价内税。他实行相地而征，而西方的“级差地租”理论则在这之后 2 000 多年才出现。他实施货币战争，我们可能更熟悉美国通过广场协议将日本几十年发展成果打劫一空，而 2 600 多年前，管仲就用货币战争轻松灭掉两个国家……

《管子》是先秦著作中对经济论述最多并具有许多光辉经济观点的古籍。《管子》一书“轻重”十九篇，还有权修、乘马、治国、禁藏、入国、小问等篇目，都是阐述经济的，以一个国度为单位，成立了财富的出产、分派、互换、消费完整的经济学系统。管仲不只是比西方第一个提出“经济”一词的色诺芬早了 300 多年，更是比西方经济学家之父亚当·斯密早了 2 400 多年。

《管子》的经济思想偏重在商品货币流通和市场经济范围，这正是先秦各学派经济论述中较为薄弱的部分。《管子》提出处理商品货币经济活动的基本原则是，把重要商品如粮食、布帛、盐、铁等和货币流通置于国家控制之下。胡寄窗教授在《中国经济思想史》一书中从八个方面阐述管子的经济思想，值得借鉴。① 以下我们就选取一些方面进行探讨。

《管子》中提出了一些重要的经济观点：

1. 政治、伦理规范与经济活动的关系

《管子》以经世治国之道而著称，在《管子》中最为强调的是如何求得社会的稳定发展和如何实现富国强兵的目标。《牧民》篇所提出的“仓廪实则知礼节，衣食足则知荣辱”，成为齐国自强求富的指导思想。管仲以朴素唯物主义的观点，指出了管理

① 胡寄窗：《中国经济思想史》[M]，上海：上海财经大学出版社，1998 年版，http://baike.sogou.com/v63385638.htm?fromTitle=中国经济思想史（中国经济思想史）。

国家必须从发展经济入手，把财政经济问题放在首位。他认为，国家富裕了，人民才会归附，政权才能稳固，而要富国，必须先使“民富”“食足”，“足其所欲，赡其所愿”，这就是他的“善为国者，必先富民，然后治之”的思想。司马迁在《史记·管晏列传》中描述春秋时期，管仲担任齐相主持政务后，与百姓同好恶，流通货物，积累资财，使得齐国很快走上国富兵强的道路。人民生活富裕，府库财富充盈，礼仪就能得到发扬，政令才能畅通无阻。

打开《管子》第一篇《牧民》，我们可以看到：“凡有地牧民者，务在四时，守在仓廪。国多财则远者来，地辟举则民留处；仓廪实则知礼节；衣食足则知荣辱；上服度则六亲固，四维张则君令行。故省刑之要，在禁文巧；守国之度，在饰四维；顺民之经，在明鬼神，祇山川，敬宗庙，恭祖旧。不务天时则财不生；不务地利则仓廪不盈；野芜旷则民乃菅，上无量则民乃妄。文巧不禁则民乃淫，不障两原则刑乃繁。不明鬼神，则陋民不悟；不祇山川，则威令不闻；不敬宗庙，则民乃上校；不恭祖旧，则孝悌不备；四维不张，国乃灭亡。”意思是说：凡是一个国家的君主，必须致力于四时农事，确保粮食贮备。国家财力充足，远方的人们就能自动迁来，荒地开发得好，本国的人民就能安心留住。粮食富裕，人们就知道礼节；衣食丰足，人们就懂得荣辱。君主的服用合乎法度，六亲就可以相安无事；四维发扬，君令就可以贯彻推行。因此，减少刑罚的关键，在于禁止奢侈；巩固国家的准则，在于整饰四维；教训人民的根本办法，则在于尊敬鬼神、祭祀山川、敬重祖宗和宗亲故旧。不注意天时，财富就不能增长；不注意地利，粮食就不会充足。田野荒芜废弃，人民也将由此而惰怠；君主挥霍无度，则人民胡作妄为；不注意禁止奢侈，则人民放纵淫荡；不堵塞这两个根源，犯罪者就会大量增多。不尊鬼神，小民就不能感悟；不祭山川，威令就不能远播；不敬祖宗，老百姓就会犯上；不尊重宗亲故旧，孝悌就不完备。四维不发扬，国家就会灭亡。

文章思想深刻，务实求是，文字和语音都比较优美，读起来朗朗上口，但中国历代的教育课本却不收录管子。为什么这样一部经典却少有人知？这是一种对历史的误会。大家知道，管子是我国春秋早期一位重要的政治家，他担任齐国的国相长达40年，拥有丰富的治国经验。正是他辅佐齐桓公，使得齐国成为当时的强国，齐桓公得以“九会诸侯，一匡天下”。[①]

2. 认定财富生产的根源是土地与劳动

《管子·八观》中指出，“彼民非谷不食，谷非地不生，地非民不动，民非作力毋以

① 仲大军：《揭开中国国学的真面目》，http://club.kdnet.net/dispbbs.asp? boardid=1&id=1885114。

致财。天下之所生,生于用力,用力之所生,生于劳身”,强调了土地和劳动在创造财富中的作用。这是一个循环系统:老百姓没有粮食就没有吃的,粮食没有土地就不能生长,土地没有老百姓就不能种植,老百姓不劳动就不能发家致富。

3. 人性论和功利主义的价值观

《管子·牧民》:“故知予之为取者,政之宝也。”“予之为取”的理论前提是人性论和功利主义的价值观。在《管子》的价值观念中,有着浓郁的功利思想,“功利”一词首先就是由《管子》提出的。《管子·立政》:“有不合于令之所谓者,虽有功利,则谓之专制,罪死不赦。”《管子》认为自利是人的天性,它肯定人的这种自利欲求,并认为国家应该重视这个规律,所作所为应该符合老百姓的利益,以有利于民;它把老百姓的利益与国家利益紧密联系在一起,并主张通过利民的途径而实现国家功利的目标。《管子·禁藏》认为人们可以“不推而往,不引而来,不烦不扰,而民自富”。

管仲承认有共同的人性,即趋利避害。管仲年轻时经过商,齐国又近海,人们上山下海孜孜矻矻以求利,这可以说是他的经验之谈。《管子·国蓄》篇说:“民予则喜,夺则怒,民情皆然。”《形势解》篇也说,民之情“莫不欲利而恶害”。管仲认为,喜、怒、欲、恶、乐、忧等人类感情,皆起源于利害。他把追求物质利益视为人的天然本性的正当要求。这是一种包含朴素唯物论因素的人性论和价值观。

4.《管子》重视价格波动和市场功能

《轻重》虽非创自管仲,却在此书中得到完整的发挥和表述。轻重理论是一种价格波动理论,价格不固定在一定点上,而在一定幅度内由重到轻、由轻至重地波动。

“轻重”是一个矛盾的对立面,作为一种治国之术,主要用于经济方面。在经济领域中,轻重理论就是通过权衡货币、谷物、百物的供需、贵贱,采取措施使国家富强,并平抑物价安定民众生活。在对外方面,就是要权衡轻重,在经济上通过对外贸易和商战制服、搞垮别国。任何商品都如《管子·揆度》篇所说是“重则至,轻则去,……物臧则重,发则轻”。《管子·轻重甲》篇则说:“章(障)之以物则物重,不章以物则物轻;守之以物则物重,不守以物则物轻。”这里所说的“重”主要表现在商品缺乏、供应不足,引起涨价和人们的重视。

《管子》重视市场功能。通过市场不仅可以看到一个国家生产发展程度和经济实力、物价变化、物资余缺等状况,而且可以看出社会治乱、人心向背的情况。《管子·乘马》中指出,“市者,可以知治乱,可以知多寡”,“而万人之所和而利也”。市场的地位和作用,不亚于农工的物质生产,“道若秘言:物之所生,不若其所聚”,“无市则民乏”；有了市场，“则万物通；万物通，则万物运；万物运，则万物贱；万物贱，则万物可因”，万物可因，则天下可治。

《管子·轻重甲》篇中，桓公曰：“轻重有数乎？”管子对曰：“轻重无数，物发而应之，闻声而乘之。故为国不能来天下之财，致天下之民，则国不可成。”桓公曰：“何谓来天下之财？”管子对曰：“昔者桀之时，女乐三万人，端譟晨，乐闻于三衢，是无不服文绣衣裳者。伊尹以薄之游女工文绣纂组，一纯得粟百钟于桀之国。夫桀之国者，天子之国也，桀无天下忧，饰妇女钟鼓之乐，故伊尹得其粟而夺之流。此之谓来天下之财。”桓公曰：“何谓致天下之民？”管子对曰：“请使州有一掌，里有积五窌。民无以与正籍者予之长假，死而不葬者予之长度。饥者得食，寒者得衣，死者得葬，不资者得振，则天下之归我者若流水，此之谓致天下之民。故圣人善用非其有，使非其人，动言摇辞，万民可得而亲。”桓公曰：“善。”意思是，桓公说：“掌握轻重之策有定数么？”管仲回答说：“掌握轻重之策没有定数。物资一动，措施就要跟上；听到消息，就要及时利用。所以，建设国家而不能吸引天下的财富，招引天下的人民，则国家不能成立。”桓公说：“何谓吸引天下的财富？”管仲回答说：“从前夏桀时，女乐有三万人，端门的歌声，清晨的音乐，大路上都能听到；她们无不穿着华丽的衣服。伊尹便叫薄地无事可做的妇女，织出各种华美的彩色丝绸。一匹织物可以从夏桀那里换来百钟粮食。桀的国家是天子之国，但他不肯为天下大事忧劳，只追求女乐享乐，所以伊尹便取得了他的粮食并操纵了他的市场商品流通。这就叫作吸引天下的财富。”桓公说：“何谓招引天下的人民？”管仲回答说：“请在每个州设一个主管官吏，在每个里贮备五窖存粮。对那种纳不起税的穷苦人家给予长期借贷，对那种无力埋葬死者的穷苦人家，给予安葬费用。如做到饥者得食，寒者得衣，死者得到安葬，穷者得到救济，那么，天下人归附我们就会像流水一样。这就叫作招引天下的人民。所以，圣明君主善于利用不属于自己所有的财富，善于役使不属于自己统辖的人民，一旦发出号召，就能使万民亲近。”桓公说：“好。”

5.《管子》的货币思想

轻重理论用之于货币方面，货币与万物成反比，《管子·山至数》篇说：“币重而万物轻，币轻而万物重。”《管子·山国轨》篇说：“国币之九在上，一在下，币重而万物轻。万物而应之以币。币在下，万物皆在上，万物重十倍。”《管子·国蓄》篇则说：“谷贱则以币予食，布帛贱则以币予衣。视物之轻重而御之以准，故贵贱可调，而君得其利。”为了掌握轻重关系的规律，了解各种商品（万物）与谷物、货币与万物、谷物与货币彼此间轻重关系的比例关系是非常重要的。

6.《管子》的分配思想

《管子》在分配方面主张“贫富有度”(《国蓄》),以防止贫富过分悬殊。为达到此目的,要求官府做到“富能夺、贫能予”(《揆度》)。《管子》重视现实利益,也强调道义的价值,表现出了重利、明义的功利主义伦理取向。任何经济的发展都需要相应的经济调控方式,《管子》从伦理的角度提出了对经济调控的有关要求,这就是《管子》的经济调控伦理思想。

管子不主张过度的贫富分化,而又能巧妙地予以预防和调节,这一点很接近现代的社会主义思想,也接近北欧的福利资本主义的思想,有时还像经济危机时政府大兴土木解决就业的思想。请注意,这一切都是在不知不觉中完成的。管子的谋略,比暴力革命的劫富济贫,或者像资本主义的弱肉强食,不知要强多少倍。管子多谋善断,《巨乘马》《乘马数》《山国轨》等都是讲国家通过经济手段谋财,并用于平准物价,以及通过国家的强力干预,达到贫富有度的理想状态。

7.《管子》的消费思想

《管子》消费思想方面则在重视“俭”的同时,又主张在特殊条件下要“侈”。“俭”是说“取于民有度,用之有止”。就是说,财政收入和财政支出,要取财有度,量入为出,使收支基本保持平衡,并稳定地保持在一定的度量界限之内。这个度量界限要以国情和人民的承受能力为依据,切不可竭泽而渔,杀鸡取卵,挥霍无度。

《管子》对这个原则有精辟透彻的分析。《管子》说:“地之生财有时,民之用力有倦,而人君之欲无穷。以有时与有倦,养无穷之君,而度量不生于其间,则上下相疾也。是以臣有杀其君,子有杀其父者矣。故取于民有度,用之有止,国虽小必安;取于民无度,用之不上,国虽大必危。”(《权修》)这段话从“地之生财有时”和“民之用力有倦”两个方面来说明,人民生产出来的社会财富是有一定的数量的,若君臣上下挥霍无度,必然造成财富的短缺,国库空虚。如此一来,人民饥寒交迫,国家也会遭到侵扰而不得安宁。

“侈”是针对富人而言。因为“富者靡之,贫者为之”,“不侈,本事不得立”(《侈靡》),形成一种侈靡的消费观,即通过扩大消费以刺激生产和增加就业。

8.国家经营事业,取得财政收入

《管子》在财政思想上,主张不把国家财政收入完全寄托在强制性的赋税征课方面,而是把重点放在国营专卖事业的经济收入上。

盐铁是齐国的大宗产物。齐国盛产食盐,而与其毗邻的诸侯国都不同程度地缺乏食盐。齐国的冶铁业也很发达,较其他诸侯国更早地广泛推广使用铁器,铁器成为齐国社会生产中不可缺少的工具。这两种大宗产物很容易获得巨额利润，因此成为齐国的主要财源之一。所以，当齐桓公问管仲“吾何以为国”时，管仲毫不犹豫地回答说：“唯官山海可耳！”“官山海”就是国家经营管理山海铁盐之业。

关于食盐，就国内而言，主要是靠“寓税于盐价”的方法来聚敛财富。从社会心理学的角度看，人们喜欢的是给予，甚至是多多益善，而厌恶夺取。这两种心理状态随着给予或夺取的多少，表现出喜怒的程度不一样。《管子》善于制定和施行人民乐于接受的方式。比如，在税收上，实行“寓税于价”，即“见予之形，不见夺之理”的理财方法。这实际是一种巧妙的间接税制的办法。胡寄窗教授甚至评价说，《管子》的这一条诈欺取巧的原则，比 17 世纪法国的财政剥削能手所谓的“拔最多的鹅毛而不让鹅叫”的伎俩似乎更巧妙些。

此外，胡寄窗教授认为，《管子》预定国家计划，即所谓“国轨”；主张全面经济调查并特别注意对人民群众的工艺技能、农业生产经验和医疗技术等知识的奖励和收集保存；鼓励国外贸易，注意市场功能，根据产品的不同条件实行不同的价格政策或经济政策等，均各有其创见。

（二）《管子》经济思想对我国促进经济发展的启示意义

1. 政治、伦理规范与经济活动的关系

由于管仲指导思想的正确及齐桓公的成功，“仓廪实则知礼节，衣食足则知荣辱”历来为后世传颂。这一朴素唯物主义思想说明只有在解决了人们最基本的生存需要后，才能引导人们产生正确的人生观和价值观。这与马克思主义有关“物质决定意识”“经济基础决定上层建筑”“物质文明决定精神文明”等相关观点相符。“仓廪实”和“衣食足”是“知礼节”和“知荣辱”的基础，比喻物质文明是精神文明的基础是有道理的。党的十八大报告强调建设中国特色社会主义的总依据是社会主义初级阶段。我国社会主义初级阶段不是泛指任何国家进入社会主义都会经历的起始阶段，而是特指我国生产力落后、商品经济不发达条件下建设社会主义必然要经历的特定阶段。党的十一届六中全会指出，社会主义初级阶段的主要矛盾是人民日益增长的物质文化需要和落后的社会生产之间的矛盾。[①] 据此，1992 年初，邓小平在“南方谈话”中提出：“社会主义的本质，是解放发展生产力，消灭剥削，消除两极分化，最终达到共同富裕。”[②]贫穷不是社会主义，社会主义首先要使生产得到发展，人

① 党的十九大报告指出，我国社会主要矛盾已经转化为人民日益增长的美好生活需要和不平衡不充分的发展之间的矛盾。——编者注

② 《邓小平文选》（第 3 卷）[M]，北京：人民出版社，1993 年版，第 373 页。

民生活水平得到提高。

美国心理学家亚伯拉罕·马斯洛1943年在《人类激励理论》论文中将人类需求像阶梯一样从低到高按层次分为五种，分别是：生理需求、安全需求、社交需求、尊重需求和自我实现需求。需求层次理论有两个基本出发点，一是人人都有需要，某层需要获得满足后，另一层需要才出现；二是在多种需要未获满足前，首先满足迫切需要；该需要满足后，后面的需要才显示出其激励作用。管仲的朴素唯物主义思想认为“仓廪实”就一定“知礼节”，“衣食足”就一定“知荣辱”，与马斯洛的需求层次理论一样具有机械性。“仓廪实、衣食足”是“知礼节、知荣辱”的必要条件，而不是充分条件。也就是说“仓廪实、衣食足”只是前提。

《史记》在引用的过程中改动了一个字：“则”改成了“而”。在司马迁所处的时代，经历了史上赫赫有名的文景之治，汉武帝时期的经济发展水平达到了空前的高度。但是，汉武帝元朔五年有个特别的诏书，反映了当时的社会面貌，诏曰：“盖闻导民以礼，风之以乐，今礼坏乐崩，朕甚闵焉。故详延天下方闻之士，咸荐诸朝。其令礼官劝学，讲议洽闻，举遗兴礼，以为天下先。”社会经济虽然发展，但是仍然“礼崩乐坏”。这就需要辩证地看待物质文明和精神文明的关系。马克思主义认为：社会存在决定社会意识，但是社会意识对社会存在具有反作用，社会意识具有相对独立性。

2. 认定财富生产的根源是土地与劳动

英国古典政治经济学创始人、统计学家威廉·配第在《赋税论》中说：“劳动是财富之父，土地是财富之母。”威廉·配第最先提出了劳动决定价值的基本原理，并在劳动价值论的基础上考察了工资、地租、利息等范畴，他把地租看作剩余价值的基本形态。威廉·配第没有把价值、交换价值和价格明确区分开来，他把生产白银的具体劳动当作创造价值的劳动，不懂得创造价值的是抽象劳动。由此，他认为劳动和土地共同创造价值。而课税的最终对象也只能是土地的地租及其派生收入。他把地租看作剩余劳动的产物，从而也是赋税的最终源泉。

马克思主义认为具体劳动和各种生产要素共同构成了使用价值的源泉。价值则不同，价值是凝聚在商品中的无差别的人类劳动，抽象劳动是形成价值的实体，劳动是价值创造的唯一源泉。由此揭示了剩余价值是指剥削劳动者所生产的新价值中的利润（劳动创造的价值和工资之间的差异），即“劳动者创造的被资产阶级无偿占有的劳动”。

在社会主义市场经济条件下，土地和劳动与资本、科技创新、制度和管理一起作为生产要素，越来越受到重视。我国当前供给侧结构性改革就是要提高供给侧土地、劳动、资本、科技创新、制度和管理的全要素生产率。

中国的改革首先从农村开始，在家庭联产承包责任制之下，土地所有权仍然归集体所有，但与人民公社时期相比，农民终于有了属于自己的土地占有权、使用权和收益权，"交够国家的，留足集体的，剩下都是自己的"，农民生产积极性空前高涨。但20世纪90年代中期以来，随着中国工业化与城市化飞速发展，现行农村家庭联产承包责任制的局限性也渐渐显露了出来。突出表现为农村土地难以流转，规模经营难以实现；由于农业效益比较低，农民进城打工，不少土地抛荒撂荒；在近10多年政府大量的征地行为中，农民权益得不到有效保障。这就需要推进土地制度改革。

当前我国还面临着人口结构趋向于老年化、创新型人才紧缺等问题。这就需要进一步调整完善人口政策，推进教育体制改革。

3. 人性论和功利主义的价值观

《管子》人性论和功利主义的价值观，对法家思想有较大影响。韩非《难二》篇云："好利恶害，夫人之所有也。"司马迁认为求富是人们的基本社会活动，不仅农、虞、工、商等是为了"求富益货"，就是贤人、隐士、官吏、军士、游侠等人的活动，也是为了"富厚"。他认为，"富者，人之性情，所不学而俱欲也"，"天下熙熙，皆为利来，天下攘攘，皆为利往"。(《货殖列传》)

西方有功利主义伦理学。功利主义认为人应该做出能"达到最大善"的行为。所谓最大善的计算则必须依靠此行为所涉及的每个个体之苦乐感觉的总和，其中每个个体都被视为具有相同分量，且快乐与痛苦是能够换算的，痛苦仅是"负的快乐"。不同于一般的伦理学说，功利主义不考虑一个人行为的动机与手段，仅考虑一个行为的结果对最大快乐值的影响。能增加最大快乐值的即是善；反之即为恶。边沁和密尔都认为，人类的行为完全以快乐和痛苦为动机。密尔认为，人类行为的唯一目的是求得幸福，所以对幸福的促进就成为判断人的一切行为的标准。

马克思认为："人们奋斗所争取的一切，都同他们的利益有关。"①列宁曾借用黑格尔的话，指出："利益推动着民族的生活。"②列宁还说："生活中最敏感的神经就是利益。"③马克思、恩格斯在《德意志意识形态》中正是看到了物质利益的重要性，从"现实的人"出发，创立了历史唯物主义。

---

① 《马克思恩格斯全集》(第1卷)[M]，北京：人民出版社，1965年版，第82页。
② 《列宁全集》(第55卷)[M]，北京：人民出版社，1990年版，第75页。
③ 《列宁全集》(第13卷)[M]，北京：人民出版社，1987年版，第113页。

4.《管子》重视价格波动和市场功能

马克思在《资本论》中揭示了价格围绕价值上下波动是价值规律作用的表现形式。《管子》是利用价格波动采取措施使国家富强，并平抑物价安定民众生活；对外发动“货币战争”。实行轻重敛散政策，在“轻”(物多而贱)时以较市场略高的价格收购粮食(“敛之以轻”)，在“重”时(物稀而贵)以略低的市价出售(“散之以重”)，调节了粮价和供求关系，人民得到实惠，而政府在一买一卖中也可获得相当大的差价以增加财政收入。这对于我国政府采取宏观调控措施，促进国民经济稳定发展具有重要借鉴意义。

《管子·轻重》诸篇所阐发的轻重之术建立在重农基础之上。所以，这种轻重之术不仅与重农不矛盾，相反它还以轻重之术来稳定农民生活、促进农业发展。《管子·轻重》诸篇都有论述农业重要性的文字，如《管子·轻重甲》篇说：“管子曰：一农不耕，民或为之饥；一女不织，民或为之寒。故事再其本，则无卖其子者。事三其本，则衣食足。事四其本，则正籍(征赋)给。事五其本，则远近通，死得藏(葬)。”农业是国民经济的基础，促进农业现代化关系着我国农村发展和全面建成小康社会。

5.《管子》的货币思想

《管子》的货币思想对于我国货币政策、正确对待货币供应量和地方政府债务余额、引导金融服务于实体经济、防范金融杠杆风险具有诸多启示意义。

6.《管子》的分配思想

《管子》认为，贵族与商贾图谋资财，是造成贫富悬殊、两极分化的重要原因。在农时季节，百姓对生产资料及生活资料的需求比平时更为迫切。这时兼并也更加严重。奸商囤积居奇，高价出卖农民所必需的生产资料，趁机巧取豪夺，榨取农民，致使一些农民破产。

怎样解决贫富过度分化这个问题呢？《管子》提出了一个财富分配的办法，就是“贫富有度”。主要措施有：一是国家要能够操纵关键生产资料和生活资料及必需品的价格。在农时季节，利用国家掌握的一部分生产资料和生活资料，赈贫匡急，帮助农民解决生产上的燃眉之急。二是政府掌握金融大权，因时因地进行敛散以及散财安民。政府适时地买进卖出粮食，百姓依赖政府，而不为大夫所控制。政府运用经济金融手段，而不是行政命令手段来平抑物价保障百姓利益，值得我们今天借鉴。

7.《管子》的消费思想

马克思在《资本论》中剖析资本主义再生产过程时提出两大部类分类法。马克思对资本主义物质生产领域的社会总产品的形态进行了分析，他根据不同产品在社会再生产过程中的不同作用，从实物形态上将社会总产品分为生产资料的生产和消费资料的生产两大部类。他以两大部类作为整个社会产业结构的主体模型来考察宏观经济的运作规律，揭示社会再生产要持续、健康地运行，须保持两大部类协调发展的经济思想。

生产与消费的关系，从本质的意义上来说，是生产决定消费；单从经济学意义来说，两者相互影响。(1) 生产决定消费：一是生产决定消费的对象。我们消费的对象，首先必须生产出来，否则就无从消费。二是生产决定消费的方式。三是生产决定消费的质量和水平。四是生产为消费创造动力。(2) 消费对生产起着重要的反作用：一是消费是生产的目的。二是消费所形成的新的需要，对生产的调整和升级起着导向作用。三是消费是生产的动力。四是消费为生产创造出新的劳动力。每一个人的劳动能力，无论是智力还是体力，都有一个形成过程。

《管子》并不是一般地提倡奢侈，而是有所区别的。对一般百姓来讲，国家要设法开辟土地，让他们有维持生活的基本资料，然后再“省刑罚、薄税敛”，老百姓就可以致富了。而对那些富裕的，要促使他们放散资财。管仲鼓励奢侈消费，只是让“富者散资于民”的一种手段，根本目的还是以消费促生产。鼓励奢侈，提倡消费，在一定条件下，除具有促进就业，解散财利，避免财利过于集中两个作用外，还有另外三方面的重要作用：一是赈救荒灾，二是刺激生产，三是“不侈，本市不得立”。

8. 国家经营事业，取得财政收入

《管子》实行盐铁专卖政策，统制流通环节，把生产放给民营，生产者可得7/10的纯利，积极性提高，产量增加，税收(寓税于价)也相应增加。《管子》实行“相地衰征”政策，次地轻征，增产多得，“与之分货”；由于生产量增加，政府所得赋税收入也随之增加。《管子》不仅认识到在取予关系上必须先予后取，取之有序，而且认识到必须取之有度，即主张对人民的征收要适度，要注意数量界限：“取于民有度，用之有止，国虽小必安；取于民无度，用之不止，国虽大必危。”国家的安危系于“有度”“无度”之间，这种认识是十分深刻的。这些对于我国国有企业混合所有制改革和税收体制改革具有启示意义。

《道德经》导读

导言

党的十八大以来，以习近平总书记为核心的党中央高度重视中华优秀传统文化的传承和发展。习近平总书记关于弘扬和发展中华优秀传统文化的一系列重要讲话，特别强调中华优秀传统文化是中华民族的突出优势，最深厚的文化软实力，是中华民族的“文化基因”和“精神命脉”。优秀传统文化是一个国家、一个民族传承和发展的根本，如果丢掉了，就割断了精神命脉。我们要善于把弘扬优秀传统文化和发展现实文化有机统一起来，紧密结合起来，在继承中发展，在发展中继承。①

要继承和发展，必须要深入学习中华优秀传统文化的经典著作。《道德经》（又称《老子》）是中国古代著名典籍之一，是先秦道家学派的首部传世经典，对中国传统文化的形成和发展具有相当大的贡献。在这里，我们选取《道德经》作为大学生学习中华优秀传统文化的重要著作之一。无论是培养当代大学生的人文素养，还是政治素养，《道德经》都是一部值得用心去学习、去领悟的经典。

《道德经》是一部难得的治国良书，被古今中外的领导者视为治国之“圭臬”。唐玄宗李隆基、明太祖朱元璋、宋徽宗赵佶、清世祖爱新觉罗·福临都亲自注解过《道德经》。习近平总书记的治国理念更是深深地吸收了中华优秀传统文化的精髓，其中，包括《道德经》的治国智慧。如果我们留心学习的话，就会发现习近平总书记经常引用的语句有“圣人无常心，以百姓之心为心”；“治大国若烹小鲜”；“图难于其易，为大于其细。天下难事，必作于易；天下大事，必作于细”等等。德国前总理施罗德曾在电视上，号召国民：每个德国家庭买一本中国的《道德经》，以帮助解决人们思想上的困惑。美国前总统里根不仅在国情咨文中引入《道德经》中的治国理念——“治大国若烹小鲜”，并且借鉴了“无为而治”思想治国理政。俄罗斯前总统梅德韦杰夫也很欣赏《道德经》，他曾建议人们要遵循中国《道德经》的教诲，应对世界金融危机。

《道德经》也是 部充满人生智慧的人文经典，深得古今中外的文人、学者的青睐。尼采说：“《道德经》一书，像一个永不枯竭的井泉，满载宝藏，放下汲桶，唾手可得。”鲁迅先生说：“不读《道德经》不知中国文化，不知人生真谛。”陈鼓应教授指出，

---

① 习近平：《在纪念孔子诞辰 2565 周年国际学术研讨会暨国际儒学联合会第五届会员大会开幕会上的讲话》，《人民日报》，2014-9-25，第 2 版。

从哲学史的观点看，老庄思想的重要性，一如苏格拉底和柏拉图在西方哲学史上的地位。战国哲学的一些基本观念，如“道”“德”“一”“理”“无”“有”“常”“精”“气”“心”等，多由道家开创人物提出。也正是从这一视角，胡适先生称“老子”为“中国哲学的始祖”。

下面，主要围绕以下三个问题来展开《道德经》一书的学习：

一、老子其人

二、《道德经》其书

三、《道德经》重要思想解析

一、老子其人

（一）老子是谁

老子是谁？自古至今，未有定论，众说纷纭，颇有争议。

一般来讲，研究老子最基本、最常用、最可信的史料是《史记》。但由于资料过少，《史记》的记载很简略，仅用了五百多个字记述老子其人。司马迁在《史记·老子韩非列传》中，给读者讲述了三位老子。一位老子是周守藏室之史李耳（聃）；一位是楚人老莱子；一位是周太史儋。这三位都是隐士，都称老子，至于哪位才是真正写《道德经》的老子，作为严谨的史学家司马迁无法做出准确判断，本着“信以传信，疑以传疑”的原则，只能诸说并存，留给读者去评判。

三位老子，哪位是写下《道德经》的老子呢？这里我们倾向于第一种观点，认为老子是教诲孔子的李耳（聃）。从古籍经典看，《战国策》《礼记》《庄子》《荀子》《吕氏春秋》《白虎通》等典籍的引述可以印证这一说法。从出土文物看，1973年，长沙马王堆三号汉墓出土了一批帛书，其中有用墨笔抄写的《道德经》书甲、乙两部，内容与今本《道德经》大同小异，只是内容编排的顺序上有所不同。帛书《道德经》是《德经》在前，《道经》在后。引证了《史记·老子韩非列传》中的“老子乃著书上下篇，言道德之意五千余言而去”。

学术界还有其他几种重要的看法：顾颉刚先生认为《道德经》应在杨朱、宋钘之后，成熟在秦汉之间；钱穆先生则认为《道德经》成书于庄周、宋钘之后；饶尚宽教授则认为《道德经》的作者可能是战国时期的周太史儋。

尽管学者们对老子具体年代的考证不一致，但都认同老子生活在一个动荡变乱、战争频繁的时代。《道德经》的第十八章言：“大道废，有仁义；智慧出，有大伪；六亲不和，有孝慈；国家混乱，有忠臣。”也证明了老子生活在一个动荡混乱的时代。

(二) 孔子和老子的关系：孔子"问礼于老子"的故事

据《史记》记载，孔子曾"问礼于老子"。老子对孔子说："子所言者，其人与骨皆已朽矣，独其言在耳。且君子得其时则驾，不得其时则蓬累而行。吾闻之，良贾深藏若虚，君子盛德，容貌若愚。去子之骄气与多欲，态色与淫志，是皆无益于子之身。吾所以告子，若是而已。"事后，孔子对弟子说："吾今日见老子，其犹龙邪。"

其他古代经典，如《礼记》《庄子》《列子》等都有孔子向老子问礼的记述。此外，《道德经》一书的思想逻辑也佐证了"孔子问礼于老子"。如《道德经》一书指出："大道废，有仁义。""故失道而后德，失德而后仁，失仁而后义，失义而后礼。夫礼者，忠信之薄，而乱之首。"从文本来看，老子提出的道、德在先，孔子论述的仁、义、礼在后。

对于孔子是否问礼于老子，学界大部分持肯定态度，争议主要在于问礼的地点、时间、次数等具体问题上。

不过也有部分学者对此持怀疑态度。其中顾颉刚先生的分析具有代表性。他说：老子为什么会成为孔子的老师？我以为这不是讹传的谣言，乃是有计划的宣传。老子这个学派大约当时有些势力，但起得后了，总敌不过儒家。他们想，如果自己的祖师能和儒家的祖师发生了师徒的关系，至少能耸动外人的视听，争得一点学术的领导权。于是他们造出一个故事，说孔子当年到周朝时曾向老子请教过，但他有些骄矜之气，便被老子痛骂了一顿。他知道自己的根柢差得很多，羞愧得说不出话来，只有对老子仰慕赞叹。这就借了孔子的嘴来判定了老、孔的高下，道家的身价就可提高。想不到他们这种宣传不但如了愿，效果竟超过了预期，而使儒家承认为事实。不但如此，还增加了一段故事，说孔子曾向老子问过许多礼制，使得《道德经》中既有"礼者，忠信之薄而乱之首"的话，《礼记》中又有老聃答孔子问庙主、问葬礼的话，逼得老子竟成了二重人格，自己打自己的嘴巴。他们这个工作成功了，索性再进一步，使出手段来拉拢黄帝，把本学派里的货色尽量往黄帝身上装，这就是黄帝与老子合作的成绩，而"黄、老"一词从此打不破了！①

二、《道德经》其书

(一)《道德经》的重要版本

据《史记》记载，老子"居周久之，见周之衰"，于是西出函谷关，准备隐居时，被守关的官员拦下来，说他这个人有学问，一定要留几句话下来(此即传说"老子骑青牛

---

① 饶尚宽注译：《老子》[M]，北京：中华书局，2007年版，前言，第7页。

出关”的故事)。被拦之后,老子连夜写了五千字,就是现在的《道德经》。

从出土文献来看,代表性的版本是帛书《道德经》和竹简《道德经》。1973年,湖南长沙马王堆的汉墓出土了《道德经》的帛书甲本和乙本。帛书《老子》是《德经》在前,《道经》在后,没有具体分章。1993年,湖北荆州郭店出现了许多竹简,其中有少量的道家的文献,有三组文字与老子有关。这三组文字加起来,一共有一千七百字。这是迄今发现的最早关于老子的版本。

学习和探究《道德经》,最多的资料还是历代流传下来的注解、引申。从韩非的《解老》《喻老》,经过东汉河上公的《老子道德经·河上公章句》、魏晋玄学大家王弼的《老子注》《老子指略》,以及唐玄宗御注的《老子》、唐代傅奕校订的《道德经古本》,到宋代王安石、苏轼、朱熹等,老子学说得到继承、发展。

现在通用的是魏晋时期王弼注的版本。以王弼版本为例,解析《道德经》一书的结构。《道德经》分为上篇和下篇,共八十一章。上篇(第1—37章)论道,“道,可道,非常道”,即《道经》;下篇(第38—81章)论德,“上德下德,是以有德”,这也正是《老子》又称《道德经》的缘由。

今天,学术界在新出土的资料以及前人已有的研究成果的基础上,不断深入探究、注解、发展老子学说。

(二)《道德经》的逻辑结构

《道德经》五千文,韵文写就,文句整齐,错落有致,自然成韵,节奏感强;内容广博,思想深邃,字字珠玑,环环相扣,层层推进,自成体系。

《道德经》以“道”为核心,把“道”作为宇宙原动力,由宇宙论而人生论,继而政治论;由宏观而微观,即由天道推衍人道,探索天道的运行规律、自然法则,旨在关照人道,探究养生修生,治国安天下之道。

(1) 天道论:老子通过创建形而上学的天道取代了原有的天命观,论证和建构了自成一体的独特的宇宙观。(2) 人生论:把形而上学的天道落实到修身养性的实处。君子修身养性追求一种空虚无欲、清静无为的境界,因此老子非常强调要守护灵魂,纯洁心灵。(3) 政治论:用天道反观人道,治国安天下。老子认为统治者要效法天道,公正无私,守道不争,无为而治,实现天下治。

三、《道德经》重要思想解析

(一)《道德经》的核心思想——“道”

“道”是《道德经》一书的核心思想,理解“道”是研读《老子》的基础和关键。“道”

的内容相当丰富，历代学者都给出了各自的解读，众说纷纭，各有千秋。“一千个人眼里有一千个哈姆雷特”，每个人心目中有一个独属自己的“道”。

借鉴学界已有的研究成果，结合《老子》文本，我们试着对“道”进行解析。

“道”是老子为自己的思想体系建构起来的宇宙本源说。“道”先于天地万物而生，是天地万物的根，是宇宙的起源。“道生一，一生二，二生三，三生万物。万物负阴而抱阳，冲气以为和。”老子建构起来的这个“道”，并不是凭空设想的，而是老子基于对自己生活的经验世界的关怀和思考、领悟而建构起来的。从经验世界出发，构建出高于经验世界的“道”，其动机并不是为了探究世界的本源，而是为了当下的人文世界，具有深厚的人文情怀，心怀救世之心，为了“救物”“救人”。也正因此之故，我们可以这样理解“道”：“道”是老子在经验世界所悟出的道理，把这些所悟的道理，统统依附给所谓的“道”，以作为它的特征和作用。当然，我们也可以认为“道”是人的内在生命的呼声，是应和人的内在生命之需求与愿望所开展出来的一种理论。[①]

“道”贯穿《道德经》一书，前后共出现了 73 次，在不同的章节中，展现出具体不同的意蕴。大体可以归纳为三种主要的意蕴。

1. 作为本体论的道

“道”是万物的起源和母体，由“道”而生天地万物。“道”是一切存在的根源，具有鲜活的生命力和无穷的创造力。

如第一章和第十四章言：“无，名万物之始也；有，名万物之母也”；“天下万物生于有，有生于无”。

又如第四章言：“道冲而用之，或不盈，渊兮，似万物之宗。”

第四十二章言：“道生一，一生二，二生三，三生万物。”

第五十一章言：“道生之，德畜之，物形之，势成之。是以万物莫不尊道而贵德。道之尊，德之贵，夫莫之命而常自然。故道生之，德畜之，长之育之，亭之毒之，养之覆之。”

“道”作为万物之母、宇宙动力，又是如何存在的呢？“道”是确确实实的存在，但又是形而上的存在。也就是说，“道”是“无名”“无形”“不可道”、不可言说的，不能靠感觉感知的。

如第一章言：“道可道，非常道。”

又如第十四章言：“视而不见，名曰夷；听之不闻，名曰希；搏之不得，名曰微。此

---

① 陈鼓应：《老子注译及评介》(修订增补本)[M]，北京：中华书局，2009 年版，第 30 页。

三者不可致诘，故混而为一。其上不徼，其下不昧，绳绳兮不可名，复归于无物。是谓无状之状，无物之象，是谓惚恍。迎之不见其首，随之不见其后。”

第二十一章言：“道之为物，惟恍惟惚。”

第二十五章言：“有物混成，先天地生。寂兮廖兮，独立而不改，周行而不殆，可以为天地母。吾不知其名，强字之曰道。”

第三十二章言：“道常无名，朴。虽小，天下莫能臣。”

2. 作为规律性的道

“道”，即“常”，是万物运作的规律。如第二十三章言：“飘风不终朝，骤雨不终日。”又如第十四章言：“执古之道，以御今之有。能知古始，是谓道纪。”

老子哲学最基本的也是最重要的规律就是朴素的辩证法。“反者道之动”（第四十章）。“反”包含两层含义：一层是指事物的对立面或指对立面间的相互转换，即“相反”或“相反相成”；另一层含义指“循环往复”“周而复始”。

（1）对立统一、相互转化的规律

老子认为任何事物都有其对立面，一切事物都是对立统一的存在，事物的对立面之间的相互作用是推动事物发展变化的重要力量。

如第二章言：“有无相生，难以向成，长短相形，高下相顷，声音相和，前后相随。”

又如第四十二章言：“曲则全，枉则直，洼则盈，敝则新，少则得，多则惑。”

第五十八章言：“祸兮！福之所倚；福兮！祸之所伏。”

第七十七章言：“天之道，其犹张弓与！高者抑之，下者举之，有余者损之，不足者与之，天之道损有余而补不足。人之道则不然，损不足，奉有余。孰能有余以奉天下？其唯有道者。”

第六十三章言：“图难于其易，为大于其细；天下难事，必作于易；天下大事，必作于细。”

老子很注重通过事物的反面来理解和把握事物，这样才能更深入理解事物本身。如第三十六章言：“将欲歙之，必固张之；将欲弱之，必固强之；将欲废之，必固兴之；将欲取之，必固与之。是谓微明，柔弱胜刚强。鱼不可脱于渊，国之利器不可以示人。”

（2）循环运动、周而复始的规律

在老子看来，“道”是“周兴而不息”的，也就是说，“道”具有循环往返、生生不息的特质。老子认为，“道”创生宇宙万物之后，万物的运行规律则是起初渐渐离开“道”，渐去渐远，物极必反，之后又渐渐回归“道”，返回到源头。

如何运用这一规律呢？老子主张，要“致虚极，守静笃”，做到清静无为。只有这样，才能合乎天道，实现国泰民安。如第十六章言："致虚极，守静笃，万物并作，吾以观复。夫物芸芸，各复归其根。归根曰静，静曰复命。复命曰常，知常曰明，不知常，妄作，凶。知常容，容乃公，公乃王，王乃天，天乃道，道乃久。没身不殆。"

3. 作为人们行为准则的"道"

老子创设"天道"，旨在关照"人道"。形而上的"天道"最终要落实到"人道"上，用以指导人们的活动，内化为人们的生活方式，执政者的执政理念。这样，落实到经验世界的"道"，就是"德"。

在老子看来，"道德"是同一的。"德"是"道"的表现形式，经验世界的"道"就是"德"。两者的细微区分在于："道"是完全的自然状态，不掺杂任何的人类因素。"德"则已经落到了经验世界，在经验世界里，顺应自然，以"道"行事。从这里就能看出，道家的"道德"不同于儒家的"道德"。前者注重的是"人法地，地法天，天法道，道法自然"的规律；后者则指的是社会伦理。

如何理解和把握指导人们行为准则的"道"呢？老子认为，"道"的基本精神是"反者道之动，弱者道之用"（第四十章）。老子在不同章节，从不同角度描述了"道"呈现出来的基本特征：如"功成名遂身退""水善利万物而不争""不盈""虚极""静笃""希言自然""勿矜""勿伐""勿骄""勿强""居下""柔弱""慈""俭""不敢为天下先"等。如第九章言："持而盈之，不如其已。揣而锐之，不可长保。金玉满堂，莫之能守。富贵而骄，自遗其咎。功成名遂身退，天之道也。"又如第二十四章言："企者不立，跨者不行，自见者不明，自是者不彰。自伐者无功，自矜者不长。其在道也，曰余食赘行。物或恶之，故有道者不处也。"第三十章言："以道佐人主者，不以兵强天下，其事好还。师之所处，荆棘生焉。大军之后，必有凶年。善有果而已，不敢以取强。果而勿矜，果而勿伐，果而勿骄，果而不得已，果而勿强。物壮则老，是谓不道，不道早已。"第三十八章言："上德不德，是以有德；下德不失德，是以无德。上德无为而无以为；下德无为而有以为。上仁为之而无以为；上义为之而有以为。上礼为之而莫之应，则攘臂而扔之。故失道而后德，失德而后仁，失仁而后义，失义而后礼。夫礼者，忠信之薄，而乱之首。前识者，道之华，而愚之始。"第六十七章言："我有三宝，持而保之：一曰慈，二曰俭，三曰不敢为天下先。慈故能勇；俭故能广；不敢为天下先，故能成器长。今舍慈且勇；舍俭且广；舍后且先；死矣！夫慈，以战则胜，以守则固。天将救之，以慈卫之。"

（二）"自然无为"

"自然无为"思想是《道德经》一书中最重要的思想。在《道德经》中，"自然"概念共出现了 5 次,“无为”概念出现了 14 次,同时,书中还有很多与自然、无为含义相近的概念。在老子看来,“自然无为”指的是任何事物都应该顺应其本性而自生、自长、自化,也就是说,由万物依据自己的本来样子自由发展。

老子所说的“自然”并不是指自然界,而是指天地的运作状况,是“自然如此”的一种美好、和谐的状态;“无为”也不是无所作为,而是指人的行为方式和活动准则要遵循自然之道,不乱为、不妄为。这里“自然”和“无为”是相通的,自然是顺应天地运作规律的自然之道,无为是顺应自然的无为之道。如第十七章言:“太上,不知有之;其次,亲而誉之;其次,畏之;其次,侮之。信不足焉,有不信焉。悠兮,其贵言。功成事遂,百姓皆谓:‘我自然。’”又如第五十一章言:“道生之,德畜之,物形之,势成之。是以万物莫不尊道而贵德。道之尊,德之贵,夫莫之命而常自然。”第六十四章言:“是以圣人欲不欲,不贵难得之货,学不学,复众人之所过,以辅万物之自然而不敢为。”

老子认为,理想的执政者应该“自然无为”,帮助百姓自我发展而不强加干涉。他说:“天地不仁,以万物刍狗;圣人不仁,以百姓为刍狗。天地之间,其犹橐籥乎?虚而不屈,动而愈出。多言数穷,不如守中。”

“自然无为”思想运用到治国之道上就是“无为而治”的政治哲学,统治者要顺应自然,无为而治。“无为而治”强调以民为本,有所为有所不为。“道常无为而无不为”(第三十七章),所以,“是以圣人处无为之事,行不言之教”(第二章)。“圣人常无心,以百姓心为心。”(第四十九章)也就是说,统治者要做到少私寡欲,让百姓有充分的自主性;教化百姓,以身作则,不扰民,与民休息,让民众在相对自由、宽松的环境中愉快地劳作、幸福地生活。

老子之所以主张“自然无为”,是因为他深知执政者的强行妄为之害。在老子所处的时代,统治者过着腐败奢华的生活,而百姓生活则极其贫苦,苛捐杂税甚多,约束百姓的规章制度太多,偷盗现象严重,社会治安混乱,民不聊生。老子说:“朝甚除,田甚芜,仓甚虚,服文采,带利剑,厌饮食,财货有余,是谓盗竽。非道也哉!”(第五十三章)他又说:“天下多忌讳,而民弥贫;人多利器,国家滋昏;人多伎巧,奇物滋起;法令滋彰,盗贼多有。”(第五十七章)“民之饥,以其上食税之多,是以饥。民之难治,以其上之有为,是以难治。民之轻死,以其求生之厚,是以轻死。”(第七十五章)

老子的政治哲学具有深深的人文关切,他特别强调要“以民为本”。他从反面立论,“民不畏威,则大威至”(第七十二章),“民不畏死,奈何以死惧之”(第七十四章)。因此,他提出了“无为而治”的政治哲学。

只有“自然无为”“无为而治”才能社会太平。为此，老子借圣人之语云：“我无为，而民自化；我好静，而民自正；我无事，而民自富；我无欲，而民自朴。”（第五十七章）

这里要特别指出的是，老子的“无为”是更高境界的“为”，是顺应自然的“为”。老子说：“是以圣人处无为之事，行不言之教。万物作而不辞，生而不有，为而不恃，成功而弗居。夫唯弗居，是以不去。”（第二章）他又说：“天之道，利而不害。圣人之道，为而不争。”（第八十一章）可见，老子的“无为”思想，是“上善如水”似的“为而不恃”“为而不争”。老子主张人们要顺应自然，顺应内心的自由自在的自我发展，主张为政者要“为而不争”，给予百姓足够大的自主空间，使民自化、自正、自富、自朴。

（三）“致虚极，守静笃”

司马谈论六家要旨，指出道家思想“以虚无为本”。可见，“虚”在老子学说中的重要性。在老子看来，面对纷扰复杂的世界，应该保持一种虚无、静笃的心灵状态。虚和静是道的两个重要属性和状态。

第四章言：“道冲，而用之或不盈，渊兮似万物之宗。”冲就是虚。第五章言：“虚而不屈，动而愈出。”也就是说，天地之间虽然是虚空的，但起作用却是极大的。

“虚”的对立面是“实”“盈”。致虚极则必须要反对盈满。为此，第九章言：“持而盈之，不如其已；揣而锐之，不可长保。”

致虚极，才能守静笃。“静”在老子看来，注重的是内在的清净无欲的状态。第三十七章言：“不欲以静，天下将自定。”第四十五章言：“清净为天下正。”

“静”的对立面是“躁”，为此，守静必须要戒除急躁。第二十六章言：“重为轻根，静为躁君。是以君子终日行不离辎重，虽有荣观，燕处超然。奈何万乘之主，而以身轻天下？轻则失根，躁则失君。”老子认为，执政者不应轻率急躁，要戒轻戒躁，持重守静。为此，老子提出他的治国之道：“治大国若烹小鲜。”也就是说，治理国家，要以清静为原则，不可侵扰百姓。

（四）“弱者道之用”

“弱者道之用”是老子的朴素辩证观点的运用。“道”在创始过程中表现得比较柔弱，也正是这种柔弱的表征，才使得万物没有强迫感和压力感，从而可以自生、自长、自化。第五十二章言：“守柔曰强。”“弱者，道之用”就是要做到“柔弱胜刚强”（第三十六章）。老子认为，柔弱的东西都是积极向上、充满生机活力的，而刚强的东西看似积极向上，却缺乏积极向上的动力。因此，他说：“人之生也柔弱，其死也坚强。草木之生也柔脆，其死也枯槁。故坚强者死之徒，柔弱者生之徒。是以兵强则不胜，木强则折。强大处下，柔弱处上。”（第七十六章）透过经验的世界，老子坚信坚硬的东西易折、易亡；柔弱的东西才能长久。形而上学的“道”通过经验世界以“柔弱”的特征展现开来。这也正是老子崇尚水的缘由。请看第八章言：“上善若水。水善利万物而不争，处众人之所恶，故几于道。居，善地；心，善渊；与，善仁；言，善信；政，善治；事，善能；动，善时。夫唯不争，故无尤。”第七十八章言：“天下莫柔弱于水，而攻坚强者莫之能胜，以其无以易之。弱之胜强，柔之胜刚，天下莫不知，莫能行。”

老子主张“柔弱”“不争”的思想，反对自矜、自伐、自是、自见、自彰。“柔弱”“不争”正是顺应天道的“上善若水”的基本特征。“柔弱”“不争”不是自我放弃的宿命论，不是逃避现实的避世论。“柔弱”“不争”为了“能为万物”，是“甘处卑位”的大公无私，是一种高尚的道德行为。“功成名遂身退”正是这种“柔弱”“不争”的体现。

参考书目

1. 高亨：《老子注译》[M]，郑州：河南人民出版社，1980年版。
2. 牟宗三：《老子〈道德经〉讲演录》，香港新亚研究所，1986年版。
3. 葛荣晋：《道家文化与现代文明》[M]，北京：中国人民大学出版社，1991年版。
4. 高明撰：《帛书老子校注》[M]，北京：中华书局，1996年版。
5. 兰喜并：《老子解读》[M]，北京：中华书局，2006年版。
6. 饶尚宽译注：《老子》[M]，北京：中华书局，2006年版。
7. 刘笑敢：《老子古今：五种对勘与析评引论（修订版）》（上下）[M]，北京：中国社会科学出版社，2006年版。
8. 王弼注、楼宇烈校释：《老子道德经注校释》[M]，北京：中华书局，2008年版。
9. 陈鼓应：《老子注译及评介》（增订增补本）[M]，北京：中华书局，2009年版。
10. 高亨：《老子正诂》[M]，北京：清华大学出版社，2011年版。
11. 傅佩荣：《傅佩荣译解老子》[M]，北京：东方出版社，2012年版。

“文化中国”专题导读

一、杜维明的学术背景

杜维明先生祖籍广东南海，1940 年生于云南省昆明市。1961 年在台湾东海大学获得学士学位。后获得哈佛—燕京奖学金赴哈佛大学东亚语言与文明系留学深造，1968 年获得历史与东亚语言博士学位。毕业后，他曾经在普林斯顿大学(1968—1971)、加州大学伯克利分校(1971—1981)等名校教过书。1981 年始任哈佛大学中国历史和哲学教授，并曾担任该校宗教研究委员会主席、东亚语言和文明系主任(1986—1989)。1988 年获选美国人文社会科学院院士，自 1996 年开始出任哈佛燕京学社(Harvard Yenching Institute)社长，并长达 12 年之久。1995 年应印度哲学委员会之邀，在南亚五大学府发表“国家讲座”。2010 年起，担任北京大学高等人文研究院院长，不断宣讲推广、传播 21 世纪儒家文化的核心精神。作为国际第三代新儒家学派的新生代学人，在杜维明先生出版的 30 多本中英文论著中，他将儒家文化置于世界思潮的背景中进行研究，直接关切如何使传统文化与中国的现代化问题接轨，从而自 20 世纪 80 年代以来通过借鉴哲学人类学、文化人类学、比较文化学、比较宗教学、知识社会学等跨学科研究的方法，比较多地阐发了儒家思想的现代意义和儒家第三期发展的前景问题，勾画了当代新儒学理论的基本构架，强调文明对话的必要性以及现代精神的反思，在东亚和西方世界产生了相当的影响。

二、“文化中国”概念由来

有关“文化中国”的提法，根据杜维明先生回忆，这一概念始于 1987 年。当时三联书店的董秀玉和中国大陆、台湾和香港地区的学者都希望同时在北京、香港和台北出版一个知识性比较强、文化意义深刻的刊物，经过大家共同协商，这个刊物最终取名《文化中国》。

1990 年夏天，杜维明到美国夏威夷东西中心(East-West Center)任文化与传播研究所所长，主持了“文化中国”与“文明对话”两个研究项目，从而得以集中探讨“文化中国”这一课题，并注重历史回顾和社会现实的比较研究。1990 年 10 月 24 日他在夏威夷东西文化中心主办的“做中国人的意义”(The meaning of Being Chinese)的国际学术会议上正式提出“文化中国”的英文表述；1991 年春，发表英文著作 *Cultural China*(《文化中国》)，在英语世界引起较大回应；同年 2 月，在夏威夷的国

现代新儒家谱系图

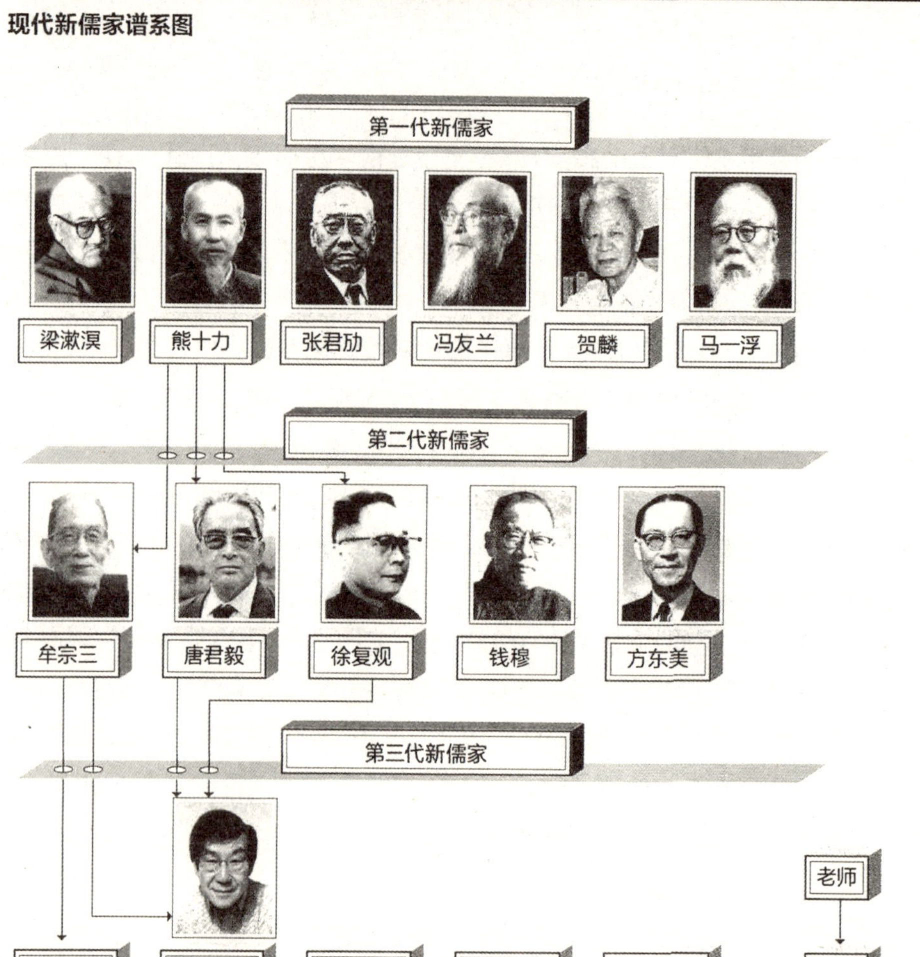

①

际学术会议上，第一次用中文讨论了"文化中国"，此后两年内又分别在夏威夷、哈佛和普林斯顿三地举行了四次"文化中国"的座谈会。自此，"文化中国"这一概念便从英文世界扩展到中文世界，影响越来越大，日渐成为学术界普遍关注的新话题。

在"文化中国"这一命题的推广和研究领域的拓展上，杜维明起到了关键作用。"文化中国"的论述散见于杜维明发表的一系列专著和学术访谈中。关于"文化中国"内涵，在杜维明看来，可以用"三个意义世界"来解析，具体包括：

① 转引自萧三匝、邓攀：《杜维明：中国文化不会死》[J]，《中国企业家》，2013(17)，第105页。

第一意义世界(或象征世界),表述了"文化中国"最基本的内涵。这是由广义上的汉人所组成的社会,即西方所谓的 Greater China,它涵盖中国大陆、台湾、港澳和新加坡地区,当然也包括这些地区的少数民族。广义上的"文化中国"不只是一个历史文化的概念,也是一个精神意义世界的概念。换言之,广义的"文化中国"就是地球上以中国人为主体组成的社会,或普适意义的"由华人做主体并运作的社会"。

第二意义世界是指中国本土(包括大陆和港、澳、台)、新(加坡)以外的、散布并侨居于世界各地的由华人所组成的包括东亚、东南亚、南亚、太平洋地带乃至北美、欧洲、拉美、非洲等世界各地的"华人社会"。这些华人估计约有 3 600 万,通常称之为"华侨"。

第三意义世界是指和中国既无血缘又未必有婚姻关系,但和中国文化结下不解之缘的世界各阶层人士,包括学术界、媒体、企业、宗教、政府、民间机构以及与日俱增的国际友人,例如学者、教师、新闻杂志从业者、工业家、贸易家、企业家和作家,乃至一般读者和听众。他们致力于中国文化的学习和研究,力求从思想上理解中国,并将这份理解带入各自不同语系的社会中去。这个意义世界并不限定种族和语言,他们就是用英文、日文、瑞典文、法文、俄文来讨论中国文化的。

杜维明关于"文化中国"的思考不是偶然的,而是具有深刻的社会背景。就国内社会而言,20 世纪八九十年代在中国大陆曾经刮起过一阵全民性"文化热",在经历了"文革"的混乱后,改革开放似乎为文化领域的活跃提供了一种"矫枉过正"式的开放与自由。各方各派,各个阶层的知识分子和广大群众在经历了近 20 年"万马齐喑"的沉默与文化高度集中的时代后,都似乎看到了文化上存在的问题和机遇,因而积极地参与并提出了自己的看法和意见。而"文化中国"概念的提出也可以看作这场文化热潮之滥觞。就国际社会而言,在经历了六七十年代工业东亚(Industrial East Asia)的崛起的"奇迹"之后,世界的知识界都开始反思和分析工业东亚成功的原因。这样一种可以上溯至韦伯(Max Weber)的宗教社会学理论的讨论在经历了霍夫汉茨(R. Hofheinz)、森岛道雄、卡恩(H. Kahn)、麦克法考尔(Roderik Mac Farquhar)和博格(Peter Berger)等学者的讨论后,似乎已经确定了这种成功与儒家传统之间或多或少但却不可缺少的关系。正如杜维明所言:"作为一个儒家哲学思想的研究者,我当然对于儒家可能与现代化精神有密切联系这一点感到鼓舞。但我对儒学的研究和我所接受的社会科学训练,使我更希望看到对此课题的坚实的经验研究。我既不想全盘宣传这个观点,也不会不经检讨即轻率地弃之不顾。"如果说这种参与还需要一个准备过程的话,那么我们看到,在中国大陆文化研究的活跃鼓舞下，作为以儒家传统的继承人和传道者自居的第三期新儒家，理应就这个问题给出了自己的回答，发出了自己的声音。作为儒家传统的发源地的中国，在经过近十年的“厚积”之后，经济也开始“厚积薄发”进入快速发展的阶段，中国大陆也成为“工业东亚”奇迹的“第二乐章”。“文化中国”，就可以看作在这样一种内外局势的交互推动下应运而生的。

除了社会背景以外，“文化中国”的提出，从根本上说缘于杜维明对中国文化的忧患意识。20世纪的欧风美雨，吹醒了几代人“全盘西化”的迷梦；21世纪全球化的滚滚洪流，迎来了中国文化百年转型的又一关头。然而，面对“中国文化向何处去”的历史话题，答案似乎并未穷尽。传统与现代是一个永恒而全新的文化悖论。现代文明与传统文化，在杜维明那里就是“文化中国与儒家传统”。在杜维明看来，儒家传统的严重断裂始于五四。对五四深沉而含蓄的反思与批判，可散见于其论著的字里行间。怎样来解决这些文化悖论呢？杜维明明确指出，他不赞成“儒学复兴”的提法，主张儒家传统在对西方文明的批判中，本身也要完成自我反思、转化和创新。

三、篇目选读

我们今天选择了杜维明先生关于“文化中国”论著系列的《文化中国：扎根本土的全球思维》（北京大学出版社，2016年版）。本书由前言与18篇文章所组成，这些文章都是杜维明先生在不同时期发表的演讲，在此选择其中的《文化中国与儒家传统》进行导读。

这篇文章源于1994年11月23日杜维明在上海战略与管理高级讲坛所作的演讲，文章首先阐述了关于“文化中国”的三层含义，接着他提出从“文化中国”角度看，“文化中国”资源是薄而不是厚，从价值领域来看是少而不是多，这是非常值得我们忧虑的课题，其原因需要追溯到对“五四”的反思中加以讨论。“五四”以来，“文化中国”的主要意识形态是功利和现实性很强的科学主义，而不是科学。同时，中国的知识精英面对西方特别是西欧和美国，总觉得自惭形秽，而面对印度，面对少数民族，却极为傲慢，其原因在于选择标准是功利的、现实的、科学主义的。杜维明以西方为例，指出世界上任何一种文明，包括美国、英国、法国和德国的文明，如果他们对自己的文化传统不做深刻了解，也就根本无法保证其现代文明素质。因此，他提出绵延两千年之久的文化中国可以为当下提供一些借鉴，具体包括：文化中国理应拥有丰富的精神资源，由于中国的传统文化中历史意识特别强，所以有许多取之不尽用之不竭的源头活水可以追溯，但要把传统文化变为我们的文化传统还需经过自觉，经过努力奋斗，这种使命是非常艰巨的。在这些资源中，杜维明赞成继承五四的批判精神，并指出五四期间的知识分子批判时都太过对象化和外在化，视批判为包袱，而西方的经验表明，要清楚传统中的糟粕与发扬传统中的精华，这两个过程必须配合，不能分离。现实中，我们往往只会重视其中一个方面，而忽视另一方面，这显然是不对的，特别是用粗暴的方式对待传统文化，结果只能是精华被打得落花流水，而糟粕却变本加厉。而对传统如何理解、考察、重新挖掘及进行扬弃是一项非常艰巨的工作。对于儒家传统是否还具有生命力，答案是肯定的，现在需要考虑的问题是如何使得淡泊的儒门重新兴旺。这除了了解文化中国的资源是十分丰富的还不够，还需要了解儒教文化圈的问题。

儒家文化圈绝对比中国文化的含义更宽，但从儒教传统这个角度来看，"文化中国"的含义没有办法完全包含儒家传统。因此，站在这个立场看，杜维明先生回顾了儒学在中国发展的三个阶段：最早儒学是从曲阜的"涓涓细流"逐渐变成中国文化的主流。即使从魏晋到唐末，佛教由初级而到鼎盛，道家也大为流行，而儒学在经学、礼学、政治、民间的习俗、家训、家规、族谱中发挥作用，常常不是通过文字，而是通过口语，其影响仍旧非常大。儒家第二期发展从唐末宋初开始，杜维明举了两个例子说明儒学对周边国家的影响，而且从研究方面开始要超越中国，两个例子分别是：一是"文革"期间，日本学者岛田虔次在北京大学的演讲，二是自己对朝鲜儒学的研究。第三时期，杜维明指出要想儒学进一步发展，那么现在的"文化中国"就需要精神资源，更多发挥其在价值领域的作用，而不是在政治化和商业化的价值。

至于如何发展儒学的第三时期，杜维明提出需要注意三个命题：第一，儒家的理想人格。儒家的那种充分体现个人潜力的理想，在道德的意义下，就是完成自由的人格、自己的道德自觉，这就是儒家的理想人格。这种类型的理想人格，在一个自由民主的社会远远要比在一个传统的权威社会和当代的专制社会更有充分发挥的可能。人格发挥需要一个良好的环境，杜维明以王国维曾经的课题举例说明，即可爱而不可信和可信而不可爱的两难困境。相比较而言，在自由民主空气下的社会里，更能充分发挥人的道德价值，而在一个传统的权威社会或专制社会里都会有障碍。

第二，儒家不仅作为一个伦理，而且作为一种生命形态和道德倾向，资源也非常丰富。杜维明指出，这些丰富的资源不能简单地归结为自由、民主，也不能简单地归结为科学、技术，而应从美学、宗教体验、个人人格发展种种非常丰富的资源出发。为了使得这些资源能够更好地发扬光大，这些资源必须接受启蒙思想所代表的西方文明最杰出的价值观念，即自由、平等、人权、法治这些我们大家都很熟悉的东西。儒家未来发展要谋求创新、发展，就需要对西方的自由民主所提出的价值作出创见性的回应，这个任务当然会相当艰巨，而且需要有足够的自觉。

第三，儒家传统代表亚洲伦理。杜维明认为只要代表了亚洲价值，就可以争取到批判西方现代社会的权利和义务。西方有很多地方可以去加以批判，如过分的个人主义、相对主义、虚无主义、社会的恶性竞争以及法律的滋彰。尽管如此，杜维明提出在我们没有把西方启蒙运动以来那些最深刻的价值内化为我们的资源、成为我们的文化传统之前，我们是没有资格去批评的，相反，我们还要很虔诚地去学习。这里，杜维明特别以新加坡李光耀对西方人权的看法为例。李光耀批评西方只注重政治权利，而不注重经济权利，不注重社会权利。后两者何为呢？所谓经济权利是指每个人要有做工的权利，所谓社会权利是指不能有种族歧视。杜维明认为李光耀的批判虽然有力，但还没有击中西方的要害，要把现代西方价值彻底吸收转化之后的亚洲价值才是批判西方的利器。文章最后，杜维明指出，如果儒家传统要成为对西方文明的批判，则自身需要通过反思、转化和创新，这其中创新尤其重要，其认为以张岱年的“综合创新说”可以取代“儒学复兴”“全盘西化”，这个综合是各个思想流派可以齐头并进，相互促进，实现共同发展，而且儒学发展不仅仅是儒学研究者或者认同儒学的人的责任，而且是所有生活在文化中国的人的共同责任。

参考书目

1. 杜维明：《杜维明文集》(第五卷)[M]，武汉：武汉出版社，2002年版。
2. 张允熠、陶武：《论杜维明对“文化中国”的思考》[J]，《安徽史学》，2005(4)。
3. 冯旭：《儒家传统的当代转机——关于杜维明“文化中国”思想的研究》[J]，《东方企业文化》，2012(16)。

漫谈中西方传统思想文化

> 人类社会每一次重大跃进，人类文明每一次重大发展，都离不开哲学社会科学的知识变革和思想先导。观察当代中国哲学社会科学，需要有一个宽广的视角，需要放到世界和我国发展大历史中去看。
>
> ——习近平

个人认为，中国人必须读史。西方人不读史尚且还有上帝可以皈依，中国人若不读史便没有大的生命坐标了。中国许多人生道理都来自于历史（文史哲不分家），通过观照历史，使得国人生命更为大气。同样，文化发展也离不开历史的积淀。中华文明不仅是世界四大文明之一，更是留存至今最为完整的古文明。“三人行必有我师焉”“温故而知新”“有朋自远方来不亦乐乎”等两千多年前先贤之言今天依然被无数国人牢记于心。要了解中国优秀传统文化、要弘扬中华民族传统美德，都必须回到二千多年前，尤其是到儒家经典思想中去挖掘。

然而，真正能够打通东西方思想文化历史壁垒的国学大师并不多，冯友兰先生是其一。冯友兰在1946至1947年执教于美国宾夕法尼亚大学，向西方人介绍中国哲学和中国传统文化，其一生著述不多，但皆为经典，建构起一个哲学体系。其中《中西哲学小史》可谓中西哲学史的经典入门读物，重点着墨于先秦诸子学及宋明之道学，充分体现了冯友兰先生自身所强调的治史三原则：文笔精妙，史料精熟，择材精当。①

按冯友兰的说法，西方哲学大致可分为三大部分：物理、伦理、论理。② 若用现代哲学术语来表达，这三部分就是形而上学、人生哲学、方法论。前两者在中国思想史上有与之对应者。

据个人理解，“形而上学”近乎“本体论”（Ontology）。在前苏格拉底时期，古希腊哲学家便已经开始探究世界万物本源的问题。泰勒斯、阿那克西曼德、阿那克西美尼、赫拉克里特、毕达哥拉斯、巴门尼德等古希腊哲学家思考的是一种朴素的自然哲学，在他们那里已逐渐显现出哲学两重世界分裂的端倪。③

---

① 冯友兰著，赵复三译：《英汉中国哲学简史》[M]，南京：江苏文艺出版社，2012年版，第3页。

② 冯友兰：《中西哲学小史》[M]，北京：北京大学出版社，2009年版，序。

③ 周春生：《悲剧精神与欧洲思想文化史论》[M]，上海：上海人民出版社，1999年版，第73—78页。

说到形而上学，绕不开的一位人物就是亚里士多德。亚氏在西方哲学史上，包括在西方政治思想史上，都是举足轻重的人物。

亚里士多德的老师是柏拉图。柏拉图在公元前387年创办了雅典学园，提出了“哲学王”的思想，还有最著名的“理念论”。有三件事情对柏拉图的影响非常深远。第一是其老师苏格拉底之死，第二是其在叙拉古的个人遭遇，第三是雅典民主政治的衰退。

柏拉图的老师是苏格拉底。苏格拉底在当时人们眼里就是一个思想怪物。据说有一次他在雪地里站了一夜思考哲学问题，苏格拉底自认为找到了一个至善的理性本体世界，他要维护那个抽象的善，但他并没有意识到，已经变化了的雅典民主政治，需要的是一个与这种变化相适应的新的现实的法。① 苏格拉底提出“要认识你自己”，这句话包含了深奥的哲理。当时的人们根本无法理解苏格拉底的思想。最后，苏格拉底被雅典当局判处死刑，罪名有三条：研究天文，教唆败坏青年，信仰新神。其实，只要苏格拉底低头，他本可以免于一死，但苏格拉底誓死捍卫思想自由。

我们回过头来看亚里士多德。亚里士多德被黑格尔称作是“一个在历史上无与伦比的人”。亚里士多德的研究涉及各个领域，代表作有《政治学》《尼各马可伦理学》《工具论》《动物志》《物理学》《形而上学》等。

什么是“形而上学”？《易经》中有“形而上者谓之道，形而下者谓之器”。这个“形而上”指的是理念的、精神的，“形而下”指的是具体的、物质的。若用亚里士多德的哲学术语来表达，这个形而上即为道，或者称为“形式”，等同于柏拉图所谓的“理念”。形而下即为器，或者称为“质料”。比如，在一个青铜马雕像中，青铜就是质料，而“马”的理念就是存在于人们脑海中的形式。

在形式与质料之间，亚里士多德认为“形式”，或者说“理念世界”是优先存在的。亚里士多德为此还进一步做了哲学本体论的证明：“所以，那些作为质料的部分，那些事物毁灭了又回归于它们的东西，是在后的。而那些原理的部分，作为理性实体的部分，是在先的。”②可以说，西方哲学到了亚里士多德那里，本体论中的哲学两重世界虽能相合，却无法完全等同。

“人生哲学”就是关于伦理道德的“实践哲学”，可细分为三大流派：道义论、后果论、至善论。“至善论”在古代政治哲学中就是“目的论”。往前推的话，它沿承自古希腊哲学家亚里士多德的政治伦理学；往后延的话，在当代哲学中，和安斯康姆

① 周春生：《悲剧精神与欧洲思想文化史论》[M]，上海：上海人民出版社，1999年版，第78页。

② 苗力田主编：《古希腊哲学》[M]，北京：中国人民大学出版社，1989年版，第530页。

(G. E. Anscombe)、威廉姆斯(B. Williams)、拉兹(Joseph Raz)等为代表的德性伦理学相似。其特点就是推崇“以点带面”的改革方式,通过提升统治者的智慧能力和道德品质,从而实现整个国家的和谐幸福。

“道义论”又称契约论,代表者是德国哲学家伊曼努尔·康德(Immanuel Kant),其主张行为本身内在动机的正确与否,根据行为自身的“善恶”来评判行为是否正当。比如说,杀人行为不正当。“后果论”又称功利论,代表者是英国功利主义哲学家杰里米·边沁(Jeremy Bentham),其主张只要行为的结果是良善的,这个行为本身就是道德的。比如杀人行为不正当,但若杀的是坏人则又另当别论。

“方法论”是西方自宗教改革、启蒙运动以来,17 至 19 世纪以科学理性为标志的“理性主义”哲学。代表人物有培根、笛卡尔、帕斯卡尔、黑格尔等。西方哲学中的方法论恰是中国传统哲学思想中所缺失的部分。

中国哲学的脉络,按时间来分的话,首先是先秦诸子百家,其所论的“天道”类似于形而上学,所论的“性命”则类似于人生哲学;魏晋玄学是先秦“道家”学说的延续;隋唐佛学在中国思想史上并非主流;宋明道学可视为孟子“儒学”的发挥;清代义理学则是宋明道学的延续。[1] 所以说,中国传统思想文化的源头还是在先秦诸子学说。

中国传统文化该如何观照当代生命? 我们常常听到一句话叫“向死而生”,这当中就蕴含了关于人生哲学的道理。“人生有起有落,有生必有死,欲求无死,不如无生”。这是一种佛学悟性和佛学修为。我们对国学的回归,往往只注重儒家社会进取的哲学。倘若缺乏道家自然谦虚的哲学,以及佛家空无的哲学,那么这个社会就会变乱。中国台湾学者林谷芳先生曾言,一个社会,如果只是一个纯然的竞技场,无论是百米赛跑还是跑马拉松,优胜者永远只有一人,而其他挫败者都将充满了负面情绪。林谷芳提出,在我们这个社会里,不妨把生命的奋斗看作爬山。山有千万座,即便爬同一座山,仍有不同的山路,不同的风光;即便走同一条山路,你也不一定非要登顶。你在半山腰往石阶上一坐,恰好清风袭来,回头一望,照样可以满目青山。这样社会就可以安顿下来。只有我们从文化回归中找到了生命安顿,这个社会才有希望。

中国传统文化的精髓在儒释道里,儒释道在中国文化的长期发展之中彼此交融,但各有侧重。儒家主要负责人与人的关系,人与自然的关系主要由道家来负责,人与超自然的关系主要由佛家来负责。所以儒释道三家的存在就构成了“铁三角”,

---

① 冯友兰:《中西哲学小史》[M],北京:北京大学出版社,2009 年版,序。

让中国人的生命可以在人与人、人与自然、人与超自然方面得以平衡。

儒家思想文化尤为凸显出中国文化的一些特质。林谷芳认为，与世界上其他文明相较，中国文化最大的特征就是具有浓厚的人间性。所谓“人间性”就是对现实的观照，对社会关系的观照。儒学就是一个人间俗世的哲学，中国文化是以人为核心发展出来的文化。

中国文化所具有的浓厚的人间性，其实早在西周就已存在。儒家是人间性的集大成者。原本在夏商周发展起来的人间性，到了孔子时代，礼崩乐坏，社会失序，因而需要重建。儒家虽然是诸子百家中较重要的，但毕竟也是百家之一。后来在汉武帝时代，因董仲舒罢黜百家、独尊儒术，导致两千多年以来，儒家成为中国伦理哲学的基石。在中国，人与人的关系说到底其实就是儒家的那一套学说。除非我们这个社会哪一天真正分崩离析，否则儒学就是中国社会的基石。人间性浓厚的文明会让你感到它不是那么高而玄虚。因为具有人间性，所以一定会让你感受到它与自己的生活是息息相关的，是一般常理所能够领略的，它是一个非常生活性的学问。所以中国社会的好处就是弹性极大。中国充满人间性，中国人是山不转水转，水不转人转，留得青山在，不怕没柴烧。这种人间性使得中华民族即便历经数千年的战乱，依然能够生生不息。

然而，倘若中国人只谈“仁义礼智信”，只论“三纲五常”和“天地君亲师”的话，那么中华文明未免就有些太过沉重了。因为人毕竟是自然的一部分。庆幸的是，在中国存在另一种哲学，那就是道家。道家观照的就是人与自然的关系，是一种自然哲思。

对于老子而言，“吾所以有大患者，惟吾有身”。我们之所以会有那么多烦恼，就是因为我们太注重于自我扩充了。所以，老子讲道法自然，人只有回到自然才能找到自己安生的地方。这种哲学思考在《庄子》里以一种更为美学的方式呈现出人与自然的关系。魏晋南北朝时期，道家清谈的自然哲学开始盛行，加上中国南方楚文化的浪漫性，以及老庄本身的艺术性，使得道家在中国并不表现为一种纯粹的学术哲思，而是糅合在艺术之中，让我们可以透过艺术找到生命的情趣，让我们的生命回归自然本真。

另外，从跟儒家作为一个互补的角度来看，道家不讲求现实。现实是在儒家里，道家提供的是心灵上的安顿，甚至提供的是超越现实的皈依。因此，中国人的生命，如果缺乏儒道中任何一家都会有问题。如果仅仅只有道家，便会和社会脱节；如果只有儒家，你会不知日后将往何处而去。

最后，佛家对于中国人的意义又何在？人，是唯一会对生命进行思索的生物，常常这种思索会决定在现实中应该怎么做，而对于一个人间性极强的文明而言，这种思索往往源自于对当下社会的反思。

中国文化如果只有儒家和道家，而缺失了佛家，会出现什么问题？在孔子和释迦牟尼的时代，中国和印度社会都存在奴隶。然而我们在《论语》里几乎很少看到孔子关于奴隶的论述。与之不同，佛经传达的则是众生皆有佛性，宣扬的是众生平等的思想。显然，孔子不为贱民讲话并不是说孔子的道德修养要比释迦牟尼低。孔子专注谈论的是人与人之间的关系，所要强调的恰恰是个人在社会中的不同分工与阶级地位。面对秩序混乱的当下社会，孔子希冀重新构建起一个秩序井然的阶级社会，所以孔子才会要求"君君、臣臣、父父、子子"，但在君臣父子的关系里面，孔子不会追问为何你是君我是臣的问题。

释迦牟尼作为原始佛教的创教人，其目光并没有停留在孔子所关心的当下社会。佛教作为世界三大宗教之一，目的在于激发起人们对于前世和来生的思考。欲求无死，不如无生；死若乌有，生又何欢？生的意义在哪里？跟死又有什么关系？宗教探寻的就是这些问题。因为宗教是人类对于生命之始终的探索和超越，不同的宗教流派寻到了不同的答案，基督教告诉你有造物主上帝存在，佛教告诉你有生死轮回。任何人无论出身贵贱，但在面对此生的不自足上，人人平等。

生命可以想象，但不能规划。从佛家的角度来看，人生无常，你又如何规划？禅家有言：天垂雨露，不择枯荣，世事不会因为你的主观意志而转移，生死亦是如此。

值得注意的是，即便世俗特征极强的文化，也会把生命延伸到身后，所谓"积善之家必有余庆，积恶之家必有余殃"便是此意。当我们谈到生死归宿的时候，某段时间的世间起落对我们或许就没有那么重要了。因此，佛教进入中国两千多年，是对生命归宿的观照，讲求的是慈悲为怀和怜悯之心。相较于道教文化对心灵的安顿，佛教文化的最终作用或许就是对生命的安顿。

儒释道在历史的发展中彼此相互影响，共同形成中国传统思想文化的核心，却又各有所侧重的特征。简言之，就是儒家的社会性、道家的美学性、佛家的宗教性。儒释道共同构成了一个完整的中国文化，而中国传统思想文化中包含的人间性和世俗性特征又折射出历代思想家对于个体生命的不同观照。

《城市的品位你懂吗》专题导读

通过对海派服装的代表旗袍以及张爱玲为代表的海派作家的介绍，我们知道了上海城市的多姿多彩，上海一度成为远东最大的都市，这是上海的骄傲。而城市发展如何促进人文精神的演进，人文精神的发展又如何反作用于城市的品位提升和进步？

一、上海城市的特殊性：三界四方

1840年之前的上海只是中国东部沿海一个小县城，但是1840年之后上海迅速发展，很快成为全国乃至亚洲第一大都市。上海的迅速发展是近代中国政治畸形发展的产物。第一次鸦片战争，中国战败，在中英双方签订的《南京条约》第二款规定："自今以后，大皇帝恩准英国人民带同所属家眷，寄居大清沿海之广州、福州、厦门、宁波、上海等五处港口，贸易通商无碍；且大英国君主派设领事、管事等官，驻该五处城邑。"在此基础之上，1843年11月14日英国领事擅自划定最初洋船停泊界——从苏州河到洋泾浜为停泊区域。1843年11月17日英国首任领事巴富尔宣布上海正式开埠。

上海最早的租界分为三块：英租界、美租界、法租界。1863年英美租界合并为公共租界，再加上中国人的统治区域，所以称为"三界四方"，三界为公共租界、法租界、华界，因为公共租界又是英美双方，故称四方。

英租界位于今上海市区中部。1845年，上海道台宫慕久以告示形式，公布了上海租地章程，划定洋泾浜(今延安东路)以北、李家厂(也称李家场，今北京东路、圆明园路一带)以南之地，准英国商人租地建屋，后称租界。次年定西界为界路(今河南中路)。1848年英国领事阿礼国与上海道台麟桂商定将租界扩张到北至苏州河，西至周泾浜与苏州河边的苏宅之间的一条直线(今西藏中路)。面积为2 820亩。

美租界位于今市区中部。1847年美国代理领事向上海道台麟桂要求划虹口一带为美国租界。1848年美国圣公会主教文惠廉与代理上海道台口头协定，以苏州河北岸虹口地段为美租界。1863年美国领事熙华德与上海道台黄芒议定美租界四至：自护界河对岸之点(今西藏北路南端)起沿苏州河至黄浦江，沿杨树浦向北，再作一直线至护界河对岸起点为美国租借地。面积为7 856亩。1863年与美租界合并为英美租界，又叫公共租界。英文为 International Settlement of Shanghai 或

Shanghai International Settlement。上海国际公共租界1899年再次扩展，四至为：南起洋泾浜（今延安东路）与泥城浜（今西藏中路）汇合处，向西沿北长浜（今延安东路西端延安中路，至静安寺后面五圣庙（今延安西路东端）；西自五圣庙向北至苏州河南岸小沙渡（今西康路桥）；北沿苏州河至泥城浜，至此北至上海、宝山两县交界处（今天目中路东端至嘉兴路桥一线），向东至周家嘴（今黎平路附近）止，面积为33 503亩。同时改称为上海国际公共租界。1943年汪精卫伪政权名义上收回租界。1945年抗战胜利后，由国民政府正式接收。

1849年法国领事敏体尼与上海道台麟桂，划定上海县城北门外区为法租界。四至为：南至护城河（今人民路），北到洋泾浜（延安东路）西至关帝庙、褚家桥，东到广东潮州会馆（今阳朔路附近），沿河到洋泾浜东角，面积为986亩。1861年划入小东门外护城河地段。1899年划入西门外地区。北至北长浜（今延安东路西段），南至打铁浜、晏公庙、丁公桥（今方浜西路、自忠路一带）、西至顾家宅关帝庙（今重庆南路一带），东至护城河（今老西门外人民路、中华路一带）。1914年，上海交涉员杨晟与法国领事甘世东订立《上海法租界推广条款》，划定长浜路以南，徐家汇路以北，肇周路以西的整个越界筑路区为法租界范围，面积达15 150亩。西门外新扩展的部分，俗称法新租界。1945年抗日战争胜利后，由国民政府正式接收。

在全国的租界中，上海租界开创最早，历史最久，范围最大，其所产生的影响涵盖政治、经济、文化、社会诸方面。在《牛津现代英汉双解词典》中，Shanghai的词意不仅表示"上海"城市，还有另外的意思：(1)（用麻醉剂或卑鄙手段）迫使（某人）当水手；(2)（用欺诈手段）强行拘留，诱拐。租界时期的上海，帮会、黑社会盛行，所以各种犯罪手段层出不穷。比如蒙骗贩卖人口，以"我可以介绍你到洋行去做仆役"，或者"我愿意跟你一起去外国发大财"等为幌子，人一旦上钩，就被骗到猪仔馆或者洋船。此外还经常采用诱拐手段，用女性作诱饵，使人上当。如美国人西蒙在上海开一酒吧，雇佣娼妓、舞女招徕顾客，暗下蒙汗药，然后装入麻袋卖给人贩子。甚至有强掳等事件多次发生，"英夷捉人于上海，乡人卖布从，独行夷场者，辄被掳去，积数月，竟失数百人"。

上海三界四方的特殊位置，对上海成为近代中国最有活力的城市提供了前提。上海是近代中国革命宣传活动的大本营，能做到这一切的主要原因就是上海的统治权力来源是多样性的，为新的革命势力推翻旧制度提供了庇护所。在推翻清王朝和建立社会主义秩序的过程中，上海都发挥了重要的庇护作用。比如说邹容和陈独秀先生都在上海留下了奋斗的足印。

邹容(1885—1905)字蔚丹,四川巴县人,中国近代革命者。1902年留学日本,接受资产阶级民主思想。1903年4月回到上海,加入爱国学社,撰写《革命军》一书。同年6月,因《苏报》案被判处两年徒刑。1905年4月死于监狱中,葬上海华泾。1912年2月,由南京临时政府授为"大将军"。

陈独秀(1880—1942)字仲甫,安徽怀宁人。早年留学日本。1903年,在安徽组织爱国会。1905年,创办用白话撰述的《安徽俗话报》,并与柏文蔚等组织岳王会。"二次革命"后赴日本,协助章士钊创办《甲寅杂志》。1915年回上海,创办《青年杂志》,翌年改名《新青年》。1916年,任北京大学文科学长。1918年,与李大钊等创办《每周评论》,提倡新文化,宣传马克思主义的急进民主派。五四运动中被捕,三个月后获释,辞北大教职来到上海,发起组织上海共产主义小组,创办《共产党》月刊。1921年中共一大上,被推为党的书记。

除了革命,上海在近代文化在中国的传播过程中也发挥了重要的作用。比如,上海是西方艺术传入中国的桥头堡,闻名世界的上海交响乐团的发展就是一个典型。1879年初,由沪上部分西方侨民组成的上海业余管乐协会被上海租界娱乐基金会接管,改组成立上海公共乐队。乐队最初规模较小,只有铜管乐,成员大都来自菲律宾马尼拉,主要是为工部局和一些外国驻沪机构的活动奏乐助兴,间或也在兰心大戏院、虹口娱乐场(今鲁迅公园)等场地举行一些音乐会。1919年,"钢琴之王"李斯特的再传弟子、意大利音乐家梅·帕器接受了工部局的邀请,出面重组乐队,并担任指挥。他不但在上海的酒店和咖啡馆物色了40名乐手,还亲自回到欧洲,招聘了意、德、奥、俄等国乐师12名,并聘请刚从意大利米兰音乐院毕业的小提琴高才生富华任乐队首席,将乐队阵容扩大到了拥有50多名演奏员的规模。梅·帕器还为乐队制定了一整套演出制度,使乐队的演出曲目日渐增多,演奏质量也不断提高。1922年,乐队正式改名为"上海工部局交响乐队",这是乐队向职业化和规范化发展的重要飞跃。短短几年,梅·帕器把一支原由当时所谓"菲俄洋琴鬼"(菲律宾、白俄舞场乐师)杂凑而成的乐队改组成了一支高水平的乐团,其声誉竟被提高到"远东第一"的地位。抗战胜利后,乐队改称"上海市政府交响乐团",继续活跃在乐坛。1947年后,外国乐师相继离去,中国演奏家占了团内大多数席位。1949年5月上海解放后,乐队改组为"上海市人民政府交响乐团",1956年正式定名为"上海交响乐团"。

此外,上海几乎垄断了近代城市建设发展的第一。国内最早的马路、自来水、路灯等城市建设设施都是在上海出现的。上海的租界以煤气、自来水、电灯、霓虹灯、混凝土道路,大理石、彩色玻璃、巨石台基与廊柱的建筑,街道上奔驰的四轮马车、脚踏车、汽车、电车等，向人们展现一幅近代都市社会的崭新画卷。此外，喝牛奶习惯的形成、对流行的追求、女性平等地位、学习外语的风气、对平等自由观念的尊崇也与租界有关。

当然，上海作为沟通中国与世界的桥梁，其作用来源于历史的无奈，来源于“三界四方”的特殊情况。上海人对租界认识也经历了复杂的过程。租界初立时，上海人既感到西方军事机器的强大可畏，又对其卑劣蛮横的行径深恶痛绝，把这批不速之客视为当年的倭寇海盗。士绅称租界为“夷场”，“有贡生赵晋常者，因此而终生不望北门，及其老，邑人举为孝廉方正”(上海地方史资料(2)，第 24 页)。大东门外一老先生，他虽生长在上海，可是直到六七十岁竟从来没有到过“洋场”，他不愿看见所有一切洋人的东西。(王春涛：《上海》，第 6 页)1860 年上海道台与法租界合作，开新北门。“当门初辟时，沪士以此举倡自外，竟诋之为狗洞，婚嫁仪从之属，相戒不由斯途，城隍出巡，更以此门为忌，恐蹈亵神之咎也。”(上海轶事大观(1)，第 32 页)1860 至 1911 年，租界发展，上海人对租界认识变化，对中国文化中的道器观、义利观提出质疑。后来，上海租界逐渐成了上海的中心。

二、上海与“海派”

上海和“海派”这两个词汇经常同时出现，人们常用“海派”这个词来形容上海的特色。上海的文化叫“海派文化”，上海的美食叫“海派美食”，上海的足球叫“海派足球”，还有“海派京剧”“海派电影”“海派音乐”等等。那“海派”到底是什么意思？

近代中国，时代的变迁与社会的重构，使上海人形成了自己独特的社会人格，这就是精明求实的商人观念，宽容趋新的文化观念，独立自主的国民人格和热情自觉的参与意识。在一般近代中国人的眼光里，上海和“现代”等义。总体说来，最初时期的“海派文化”包含多元、创新、时髦等因素。上海是一个移民城市，大上海的大是“有容乃大”：宁波人的经商本领，苏北人的勤劳，广东人的勇猛坚毅，四川人的聪明机智，山东人的强悍，徽帮、扬帮的经营之道和翰墨气等共同融合，形成了自己的特色。现在我们用“海纳百川、开明睿智、大气谦和”来指代这种精神。

“海派”最初是文化形式，以后演变成文化风格而包罗万象。当农业文明统治着中国时，殖民势力已侵入上海，到二三十年代，上海已借助这种尴尬的身份和经验发展为一个极端繁荣的城市，并朝着国际大都会的方向迈进。“海派”一词最早来源于同光年间的“海上画派”。

鸦片战争后上海辟为商埠，各地画家流寓上海者日众，上海成为绘画活动中心，有“海派”之称。其特点是，在传统的基础上能破格创新，流派自由，个性鲜明；重品学修养；和民间艺术有联系，能达到雅俗共赏；善于借鉴吸收外来艺术；画会兴起，切磋技艺成风。“海派”的代表画家有赵之谦、虚谷、任颐、吴昌硕、黄宾虹，还有任熊、蒲华、胡公寿、任薰、沙馥、黄山寿、倪墨耕、赵子云、王一亭、冯超然、郑午昌等。《海上墨林》所达七百余人。其中吴友如等面向市场，画洋楼、作美女、绘风俗图等。以后，“海派”之称蔓延至京剧、文坛。比如现在徐家汇附近的土山湾是油画、雕塑等传入中国的第一站。土山湾位于徐家汇南部，约 80 亩，因是开挖河道，堆泥湾处形成高地，故名“土山湾”。19 世纪 40 年代，传教士大批前来中国，建起天主堂、修道院、公学、藏书楼、圣母院、博物院等，形成了天主教社区。1864 年，教会把创办于青浦横塘的育婴堂迁到这里，创设土山湾孤儿院，抚养孤儿之余，还创办了土山湾工艺品厂，内设绘画、雕塑、印刷、木刻、金工等工种，不少新工艺、新技术皆发源于此，如土山湾彩色石印机、土山湾工艺所制作的彩色玻璃，以及远近闻名的“海派”黄杨木雕等。其中以图画间最为著名，后人都习惯称之为“土山湾画馆”。

近代以来，很多人曾经论述过海派：

鲁迅论海派：

北京是明清的帝都，上海乃各国之租界，帝都多官，租界多商，所有文人之在京者近官，没海者近商，近官者在使官得名，近商者在使商获利，而自己也赖以糊口。要而言之，不过“京派”是官的帮闲，“海派”则是商的帮忙而已。（《“京派”与“海派”》）

郑振铎论海派：

上海好比是一所最复杂的，最奇特的，最丰富的博物院，在那里，什么样的人物都有，自吴鉴光，丁甘仁，哈同以至最新式的科学家；在那里，什么样的社会状况都有，自虹庙的烧香，哈同路某宅的官廷生活，以至最新式的欧式的舞蹈与其他娱乐；在那里，什么样的交通都有，自独轮车，塌车，轿子，马车，人力车，电车，以至最新式的汽车；在那里，什么样的房屋都有，自江北毷毷船改造之土室，草房，平房，楼房以至设备得最新式的洋房。其间相差相距，不啻有二十个世纪。时时的到街上去默察静望一下，见那塌车与电车并行，轿子与汽车擦“肩”而过，短服革履的剪发女子与拖了长辫子戴红结帽顶的老少拥拥挤挤地同在人群里蹿，……这还不够你的鉴赏么？世界再没有一个博物院有那样复杂完备的活的“陈列品”了。（《上海的住宅问题》）

沈从文论海派：

“海派”这个名词，因为它承袭着一个带点儿历史性的恶意，一般人对于这个名词缺少尊敬是很显然的。过去的“海派”与“礼拜六派”不能分开。那是一样东西的两种称呼。“名士才情”与“商业竞卖”相结合，便树立了我们今天对于海派这个名词的概念。但这个概念在一般人却模模糊糊的。且试为引申之：“投机取巧”，“见风转舵”，如旧礼拜六派一位某先生，到近来也谈哲学史，也说要左倾，这就是所谓海派。……宜于明白的，就是海派作家及海派风气，并不独存在于上海一隅……（《论海派》）

曹聚仁论海派：

“京派”和“海派”本来是中国戏剧上的名词，京派不妨说是古典的，海派也不妨是浪漫的；京派如大家闺秀，海派则如摩登女郎。……沈从文先生要叫京派来扫荡海派只怕言之过早呢！我看明日的批评家，决不站在京派的营垒，只对于海派在漠视与轻视以上取扫荡的态度，应当英勇地扫荡了海派，也扫荡了京派，方能开辟新文艺的路来！（《京派与海派》）

张爱玲论海派：

我喜欢听市声。比我较有诗意的人在枕上听松涛，听海啸，我是非得听见电车响才睡得着觉的。在香港山上，只要冬季里，北风彻夜吹着常青树，还有一点电车的韵味。长年住在闹市里的人大约非得出了城之后才知道他离不了一些什么，城里人的思想，背景是条纹布的幔子，淡淡的白条子便是行驶着的电车——平等的、匀净的、声响的河流，汩汩地流入下意识里去。（《公寓生活散记》）

穆时英论海派：

上海，建在地狱上的天堂。（《上海的狐步舞》）

陈旭麓先生论海派：

有人刻画三十年代的上海说：上海这块地方虽不大，却似另一个世界，另一个熔炉。最愚蠢的人到了上海不久，可以变为聪明，最忠厚的人到了上海不久，可以变为狡猾；最古怪的人到了上海不久，可以变为漂亮；拖着鼻涕的小姑娘，不多时可以变为卷发美人；单眼眩和扁鼻的女士，几天之后可以变为仪态大方的太太。说得有点近乎神奇，其实说怪也不怪，这是商品在改造人们的面貌，在溶解中国的固有文化。海派正视了这个现实，不是回避它，而是迎上去，接受它，促成自己的变革，推动了文化领域的新陈代谢。除了这样的作用外，商品为交换或出卖的市场价值观，对海派文化的熏染也最深，散发出市侩气，流露出西崽相。

三、上海的出版事业

老上海人都称呼福州路为四马路，四马路是上海著名的文化一条街。福州路东起中山东一路，西迄西藏中路，于 1864 年建成，是上海开埠时通向黄浦江的四条土路之一。晚清开始，这里书局林立，1897 年创办的商务印书馆是中国近代最大的图书出版机构。它与世界书局和中华书局鼎足而三，加上各种书局、书店、纸笔店等，福州路成为著名的文化街。

1846 年，一批由国人创办或从境外流入的书店相继开业，福州路成为上海区域文化的源头。1897 年，商务印书馆在福州路山西路口开业，它标志着中国近代出版业的崛起，商务出版了《东方杂志》《小说月报》《教育杂志》等。1912 年中华书局成立，主要编辑出版《中华新教科书》和《辞海》。1921 年成立的世界书局，以出版武侠小说、连环画等出名。此外，还有开明书店、现代书局和《时报》馆等，邹韬奋开创的生活书店影响颇大，福州路文化街初具规模。1954 年，商务印书馆和中华书局迁往北京。1950 年世界书局社址改为外文书店。

1897 年，商务印书馆在上海创办，在我国出版史上具有里程碑的意义。它采用了资本主义股份制的经营方式，采用了先进的印刷机器。

1902 年，近代杰出出版家张元济进入商务印书馆，他曾任总理衙门章京，因参与维新变法而被革职。他主持商务印书馆业务后，聘请学者任专职编辑，有计划地出版一系列重要的科学技术和人文学科方面的书籍，编辑出版新式教科书。民国以后，张元济还组织出版界影印了《二十四史》《四部丛刊》等古籍丛书共 2 万卷。商务印书馆还建有专门收藏古籍善本的“涵芬楼”。

以张元济入馆为标志，商务印书馆开始走向现代出版道路，出版物遍及社会科学、自然科学、应用技术、文学艺术、儿童读物、大中小学教科书、中外语文辞书和各类专科工具书等各个门类；并且发行各种杂志，1904 年《东方杂志》创刊，到 1948 年底停刊，发行了近 45 年。印行珍本善本古籍。

1904 年出版中国第一套科目齐全的中小学教科书《最新教科书》，出版教科书从此成为商务印书馆的传统。商务印书馆致力于引进西学、介绍新知，出版了以《天演论》为代表的一系列西方学术著作，到 1929 年，汇聚成《汉译世界名著丛书》。

在继承和发扬祖国文化传统方面，商务印书馆整理出版大量古代典籍，还注重记录中国现代学术成果，近代大多数学者的重要学术著作均通过商务印书馆的推介为世人所知，如马建忠、王国维、陈寅恪、金岳霖和冯友兰等，为中国近代文化、学术建设作出了重要贡献。

1954 年，商务印书馆迁址北京，出版任务集中为编译世界哲学社会科学方面的学术著作，介绍各国哲学、政治、经济、历史、地理的发展和流派的知识读物，编纂中外语文工具书，包括研究著作、教材、普及读物。

1978年以来，商务印书馆在发扬传统优势的基础上，不断开拓创新，出版了一批公认的文化学术精品。如“汉译世界学术名著丛书”“世界名人传记丛书”“外国历史小丛书”“中国自然地理知识丛书”等。《辞源》《现代汉语词典》《新华字典》和《英华大词典》的修订出版，确立了商务印书馆在出版语文工具书方面的权威地位。《塞尔维亚克罗地亚语汉语词典》《波斯语汉语词典》等数十种非通用语辞书的出版则填补了国家的空白。《英语世界》出版后广受英语学习者的欢迎，两次荣获全国百种重点期刊奖。

1872年英国人美查在上海创办中文商业日报《申报》，但报纸的编辑与发行实际上都由中国人主持，发行量不断增长。后来申报馆又办了《点石斋画报》，由画家吴友如任主编，结合时事，很受读者欢迎。为了吸引读者，《申报》不仅刊载时事、评论，而且注意招揽广告、刊载文艺作品和社会新闻。吴友如主编的《点石斋画报》刊载了不少中法战争、中日战争以及重大政治事件的图画，还有不少社会新闻的图画，从中我们可以看到当时社会的众生相。1907年，申报馆由中国人出资收购。清末的维新派和革命派也在国内外创办了大量的报刊以制造舆论，唤醒民众。近代报刊的大量发行，及时报道国内外重大事变和揭露官场的腐败，在启迪民智、动员民众方面起了重要作用。

《申报》改变了上海人的生活。1912年史量才接手该报，以“言论自由，不偏不倚，为民喉舌”为办报宗旨。“一·二八”事变后，史量才任上海市民地方维持会会长，通过《申报》宣传抗日，并出巨资支援十九路军抗日。常与宋庆龄等定期晤谈共商抗日大计，反对国民党政府“攘外必先安内”的方针，并创办一系列社会化事业，培养和教育一代青年。1934年11月在杭州返沪途中被国民党特务暗杀。

参考书目

1. 张仲礼：《近代上海城市研究》[M]，上海：上海人民出版社，1990年版。
2. 熊月之主编：《上海通史》[M]，上海：上海人民出版社，1999年版。
3. 苏智良：《近代上海黑社会》[M]，北京：商务印书馆，2004年版。
4. 苏智良：《上海：城市变迁、文明演进与现代性》[M]，上海：上海人民出版社，2011年版。
5. 忻平：《从上海发现历史——现代化进程中的上海人及其社会生活》[M]，上海：上海人民出版社，1996年版。